女人30枕边书

华业◎编著

中国商业出版社

图书在版编目（CIP）数据

女人30枕边书 / 华业编著 . — 北京：
中国商业出版社，2007.11
ISBN 978-7-5044-6047-9

Ⅰ . ①女… Ⅱ . ①华… Ⅲ . ①女性—保健—基本知识
Ⅳ . ① R173

中国版本图书馆 CIP 数据核字（2007）第 170050 号

责任编辑：刘毕林

中国商业出版社出版发行
010-63180647 www.c-cbook.com
（100053 北京广安门内报国寺 1 号）
新华书店经销
天津冠豪恒胜业印刷有限公司印刷
*
710 毫米 ×1000 毫米 16 开 16 印张 200 千字
2008 年 1 月第 1 版 2019 年 3 月第 2 次印刷
定价：48.00 元

* * * *

（如有印装质量问题可更换）

前言

PREFACE

生活如同一条大河，时而风平浪静，时而激起朵朵浪花，偶尔也会波涛汹涌。三十岁的女人是历经风吹雨打，经验丰富的舵手，不管生活的河平静与否，总会找到航行的方向。

蓦然回首，禁不住感叹岁月悠悠，不知不觉间从身边溜走，女人生命的年轮滑入三十。感叹之余，回头细想，其实岁月在带走女人外表的娇艳、留下时间痕迹的同时，也为女人打开了另一扇窗子，让女人用自己的智慧与灵巧的双手延缓岁月的脚步，让时间沉淀成三十岁女人独有的风韵与魅力，让成熟与气质同存，让知性与品位同生，让女人在娇媚上更增添了几分自信、宽容与平和，多了几分亲切、和善与知性。这是时间让三十岁女人谱写的魅力之歌。

只是生活如天气，有晴就有阴，有阳光就有风雨，心灵在紧张、忙碌的生活中总会有阴郁、低沉的时候，总会在压力下有疲惫的时刻。其实，有时候我们对己对物都不必太苛求，给自己一个借口。让脚步在时间辗转、自然更迭中作瞬间停留，让心灵亦驻足片刻，于紧张的空隙呼吸一口新鲜的空气，让心灵重新蓄满前进的力量，让前进的双翼能张得更大。这是生活让三十岁女人谱写的前进之歌。

女人三十，已是职业女性，亦是家庭生活的女主角，不论职场还是婚姻与爱情，都需要克服审美疲倦，保持适度的新鲜感，也就是要让心灵时时充满激情，时时保持一种高昂的精神状态，有时也需要细心地拔除一点杂草，更多的是要把握好这段机缘。这难道不是三十岁女人的战斗之歌吗？

我们惶恐于时间的荏苒，时间却偏偏我行我素。当我们在日历翻新的刹那，提笔给生命过程记录下一个音符，最终谱写成生命之歌时，就是没有辜负生活。

让我们打开这本《女人三十枕边书》，在生命的歌声里找到前进的方向，让生命的歌声里充满力量！

目录
CONTENTS

第一章　魅力：三十岁女人的意外收获

不经意之间，岁月的年轮已经转了三十圈。回头，却无可奈何地发现:我们已经站在青春之河的岸边,河里那么多光鲜的女孩在骄傲地展示着自己的青春与时尚。而我们的青春呢，犹如一只小鸟，一去不回来了。站在岸边，我们品味着青春，缅怀着童真，伤感着青春即逝的情怀；但也正是站在岸边，我们褪去青涩的外衣，脱掉青春的面孔，穿上成熟的盛装，换上风情的裙裾。这又难道不是我们年少时的梦吗？曾经此时可待，现在我们还需要等待吗？我们需要的是尽情展示，毫无保留。

少女的任性已被岁月磨砺得消蚀了色彩，调皮的嘻闹已悄悄地沉淀为举手投足的优雅。青春的盛气逐渐淬火，雍容、高贵、优雅、细腻、温馨、精致、智慧、性感在30岁女人的身上集合，展现出一种前所未有的成熟女人味。

所以，30岁的你不用遗憾，不要叹息，因为你已得到意想不到的收获，比如魅力。

一　成熟——魅力的内涵

30岁，是女人生命曲线的一个非常重要节点。

有人问，“三十而立”难道真是女人的一道坎？

有人说，30岁既有春的浪漫，又有秋的成熟，还不乏夏的火热。

有人问，岁月无情，红颜易老，难道真是女人的悲哀？

有人说，30岁的女人拥有着生命中别样的情怀。

有人问，人过三十还有戏吗？

有人说，这是一个生命可以重新洗牌的机会。

无论怎样，在这个点上，我们感伤青春，缅怀稚嫩，品味最初的因年龄而起的失落；在这个点上，我们张望，看远远近近的风景和悲欢离合，承受成熟的心智上的得失因果；在这个点上，我们平衡自己，感受岁月带走美貌青春的同时增益给我们的宽容和平易。

仿佛就在昨天，还对着镜子里那张娃娃脸问自己：什么时候才可以变成风情万种的女人？没有任何幼稚，举手投足间充满成熟。

三十岁的女人，因为成熟而更有魅力。

成熟女人是一杯陈年佳酿，是一本百看不厌的哲理书，是一幅色彩斑斓的油画，是一段让人荡气回肠的交响曲。

当女人三十岁时，就过了如花的季节，芳龄不再，青春就像是握在手里的沙，攥得越紧从指缝中流失得就越快。但是，有了一定的阅历也有了底蕴和魅力，从内而外散发出来的成熟气息，是小女孩儿那种鲜花似的漂亮所不及的。

难怪有男人会如此评价说：年轻的女人像一本色彩绚丽的时尚画册，虽养眼但只看一遍足矣；成熟的女人像一本内涵丰富的精装书，让人看过了还想看。年轻的女人像一坛酿制着的酒，底子是好的，只是离味道醇厚还有十万八千里；成熟女人则像一坛陈年佳酿，口味清冽甘醇，让人喝了还想喝。

那么，什么样的女人才可称为成熟的女人？当然，不是随便一个到了婚育年龄的女人就能够被称做“成熟女人”的，家庭主妇也不是“成熟女人”的代名词。因为成熟与否，不在一个人的生理年龄，而在心智，从容、智慧、独立、理性的心智。

三十岁的成熟女人既不会凡事依赖，也懂得怎样用钱来更好地安排自己的生活。即使婚后锦衣玉食，也绝不会放弃自己的工作。因为她们知道，女人只有真正独立起来，才不会成为温室里弱不禁风的小花，才能宛如一株山间临风摇曳的野菊花，在风雨霜露之中，总是披着它墨绿色的外衣，拥有美丽的心情，迎着凉爽的秋风唱着属于自己的情歌。

三十岁的成熟女人已抛却爱情幻想。少女时代的你，是个完美主义者，自己俨然是仙女下凡，一定要找个王子。对即将开场的爱情故事中的男主角，坚持着高大全的形象标准。后来你遇到了男人甲乙丙丁，相处下来都不怎么满意，于是开始觉得生活在远方、爱情在别处。再后来，你又通过朋友介绍认识了男人ABCD，你以为自己阅人无数，够成熟的了，于是你由衷地感慨“早把男人看透了”以及“男人没一个好东西”云云。

其实，你还没弄明白自己压根就是个爱情幻想主义者。大家可以理解你在年少无知的时候所做过的那些爱情美梦，可是在现实生活中磨砺了这么久，你依然不肯脚踏实地地生活，一方面约会不断却总是不肯真情投入，另一方面又眼巴巴地盼望着极度浪漫的事情发生在自己身上。你如果总抱着这样的感情态度来生活，而不愿抛却爱情幻想，那么除了身体越来越成熟之外，你将一无所获。

三十岁的成熟女人会杜绝冲动消费。那副墨镜，你是不是买了之后就扔进抽屉从此再也没有理睬它？街边新开精品店里那个进口的布娃娃贵得离奇，你是否一时兴起买回家后再也没打开过盒封？

没错，你有着普天之下所有女人同样的爱好，痴迷于花钱收购一些根本用不上的玩艺，你会在拥有它的瞬间，感受到占有的快乐，至于实用性、使用价值、性价比之类的术语，你很少在乎。难怪在别人眼里，你总是一个爱乱花钱的小姑娘，而不是一个相夫教子、持家有方的成熟女人。

所以，从现在起，就开始杜绝冲动消费吧，凡事量力而行，买东西再实际些，会让你更有成熟女人味。

三十岁的成熟女人不会过度任性。偶尔要要小性子、发发小脾气没关系，及时打住就行，男人就烦那种过度任性的、那种在任何场合之下都不替对方着想的女人。蛮横无理自以为是的女人，不换位思考顾及他人的女人，甚至专横跋扈极度自我的女人，在大家心目中不可能会是个成熟的女人。

成熟的意思里，包含了懂得尊重他人，懂得善解人意，懂得体察对方的情绪和苦恼。过度任性显然是性情不成熟的表现。

同事之间鸡毛蒜皮的小事，来回两句言者无意的调侃，让你感到十分的不爽！你开始行动了，虽然没有绝对的恶意，但你控制不住要在背后说对方坏话，嘲笑一下她的糗事，讽刺一下她的着装……而成熟的女人不会这么做，她们懂得求同存异。

在遭遇困难、挫折时，你可能会扔东西，会哭闹，会仓皇失措，甚至还会寻死觅活，仿佛整个世界都毁灭了。

但是，令男人佩服得五体投地的三十岁成熟女人，在面对困难、挫折时，却不会被自己的情绪所左右，也不会在大庭广众之下失态，而会用另一种心情驱散心头阴霾，哼一首轻歌，读一本好书，品一杯淡茶，或只是推开窗，眺望远山疾飞的归鸟。即使她们在遭遇失恋这样最令人心碎的烦恼时，也会坦然地对自己的“陈世美”说：“慢走，请把门带上。”

如果你想要成为一个真正的成熟女人，就应该保持一种“喜不狂、忧不绝、胜不骄、败不馁”的平和心态。心态平和，你就可以坦然面对逝去的岁月。

如果说十五六岁花季少女年幼无知尚可原谅，那么，拥有花季少女双倍年龄的你，如果还跟10多年前那样简单幼稚，天真烂漫，情商智商没有明显提高，那就是你的不对了。

并不是你对明星八卦如数家珍就证明你博学，并不是你看的电视剧多就表明你对人生理解深刻，并不是你打字打得快就证明你电脑水平很高，并不是你会开玩笑就证明你是业务谈判上的能手……知识有多少之分，涵养同样有深浅之别，这取决于为人处世点滴的日积月累，取决于你对自己的要求与期望。

如果和年轻人相比，你多的只是几年来的上班考勤记录，那么，迟早有一天你会失去长者应有的地位。

年轻女人像一朵吐着芳香的花蕾，有着随时可以焕发的青春、俏丽的面孔。但是，成熟女人的历练、智慧、温暖、宁静、自信、性感所散发出的魅力暗香，却更让男人无限向往。成熟女人具有弥久淳厚的香味，而不是肤浅的流香。

30岁，一个丰盈的年纪，经历了爱情的洗礼，家庭的熏陶，事业的挑战，你会发现，换一种处世哲学，换一种思考习惯，换一种人生感悟，在人们称之为成熟的过程中，似乎生命也换了一种更具魅力的活法。

30岁的女人，学会了把浪漫、体贴、温柔、宽容、细腻酿成一杯甘洌的鸡尾酒。对于情感，也许要做到“不以物喜，不以己悲”太困难了，但开始懂得缘分和感情是不能强求的，重要的是怀着一颗平常心，静静地等待。

30岁的女人，对生活乃至生命有了全新的感悟。因为成熟，她们不再为人生的失落和挫折大喜大悲，她们理解那是生活的必然；因为成熟，她们不再为爱情的跌宕起伏而沉沦，她们知道有些时候自己必须停下来歇口气，并且耐心等待；因为成熟，她们不再随波逐流，她们相信适合自己的才是最好的；因为成熟，她们不再担忧未来，她们相信积累和阅历会让她们更加从容地拥有选择权。

青春的花开花落使女人有些疲惫，四季的风花雪月让女人有些憔悴。世事的纷乱，滚滚红尘，磨砺着女人细腻柔软的心。迈过了30岁的人生，开始慢慢步出热烈、灿烂的青春季节，岁月不只是刻在女人脸上，更沉淀在女人的心里。这时的女人，被一种淡然、从容、柔和的氛围所包围，淡淡的风，淡淡的云伴随的是淡淡的梦，从容淡定的女人总是笑看人生。虽然她们不再青春逼人，也许容貌刻上了岁月的印痕，但自信坚强的女人不会惧怕岁月在她们脸上走过的轨迹。也许病痛已经在折磨着她们的健康，或许世态炎凉已把她们年轻时的梦打碎，但她们永远不会灰心。人生路上，她们仍会以矫健的步伐勇往直前，把欢乐和笑声传递给他人。她们是生活的强者，也是最具人格魅力、最美丽的女人。

当然，30岁这个年龄，和其他任何年龄段一样，只是个符号，没有什么特别重大的意义，然而也正如每个年龄都有它独具特色的优势一样，30岁的女人所体验到的生命实质，的确韵味无穷。所以，无论你是否将要、已经或者正在经历30岁，对于这个特别的年纪，我们都想留下自己的一些记忆。30岁，我们懂得了做女人的滋味，沏一杯香茗，或是在雨夜、雪天，或是在音乐缭绕中，让我们经历自己的花样年华。

善解人意的温柔是30岁女人手里有力的王牌。善解人意的温柔女人，他人与之相处简直如沐春风。

“温柔”这个词很自然地就和关心、同情、体贴、宽容、细语柔声联系着。温柔是一种无形的力量，能把一切愤怒、误解、仇恨、冤屈融化掉。一个温柔善良的女人比起虽有倾城倾国的美貌却蛮横泼辣的女人绝对要可爱得多。再美的女人，也有芳龄遁去、花容渐衰的时候，而只有温柔之美才可以在岁月的风霜中永远花香袭人。

而在男人心目中，善解人意的女人是最可爱的，因为善解人意的女人都很善良、真诚。她们对人生有了一定的感悟，在待人接物中表现出自己的风格和个性美，不会给人出难题，让人失面子。这种女人会让男人喜欢，让男人感动。这样的女人让男人活得轻松，越成熟越成功的男人越会对这样的女人有一种精神上的依恋。如果女人称男人是一座大山可以依靠，那么男人更想女人是一片静静的港湾，可以让男人停靠。

善解人意的女人是善于倾听的。她会专注于你的谈话，当你提问的时候，她会轻声地回答。当她高兴地望着你的时候，她脸上的酒涡也是浅浅的，让人联想起春天河边静静盛开的花朵。

善解人意的女人如果结了婚，就是典型的贤妻良母。她会让自己的小家无论什么时候都干净整洁，让所有的家具、摆设都纤尘不染。她会让一日三餐变化出无穷的花样，让丈夫和儿女一年四季总是穿戴得干干净净、整整齐齐。她会让家庭的每个成员，走到天涯海角也忘不了她每天为大家冲泡的一杯咖啡、一盏热茶……

三十岁，我们已学会了宽容。宽容是一种非凡的气质，一种宽广的胸怀，一种高贵的品质，一种崇高的境界，是精神的成熟，是心灵的丰盈，更是一种生存的智慧、生活的艺术，是成熟中包含的那份从容、自信和超然。

30岁的女人在家庭生活和社会交往中，能够联系感情、营造幸福生活创造和谐关系的最终力量，不是美貌，不是浪漫，也不是成功的事业，而是一个人的性格魅力。这种魅力是一个人最吸引他人的个性特征，而它的底蕴在于一个女人怀有孩童般的宽容。为什么儿童能够不带任何偏见地感知世界呢？我们可以说那是因为他们的年幼无知，可是孩子们的纯真和心无芥蒂不正是我们每个人都向往和追求的吗？为什么我们非得用厚厚的壳把自己武装起来，而不愿敞开心胸去面对每一个人、每一件事呢？

当然宽容也不是没有底线的，虽然在很多时候宽容都体现在妥协、忍让和迁就上，但它更深刻地内涵却是爱、是真情。贝壳用宽容接受了沙粒，最终孕育出来的是美丽的珍珠，人与人之间不也正是如此吗？

30年岁月的累积在此成就了女人成熟的魅力，让女人由浮躁变从容、由任性变善解人意、由霸道变温柔、由浅显变智慧、由浓烈奔放的玫瑰变成幽香淡雅的百合和兰花。

二　气质与风情——魅力的源泉

气质是集一个人的内在精神而释放出来的高品格的影响力。犹如一颗夜明珠，给人的不仅是惊喜，还有耳目一新的感觉；犹如一缕暗香，让人不知不觉沉醉；犹如一道惊雷，让人清醒。

气质是一种修炼到超越自我的境界，这种境界，让人脱俗，使一个普通的人变得高雅，胸怀坦荡，行为超凡入圣。

一个优秀的女人，除了美貌，还要有气质，否则就要沦为花瓶。

一个三十岁的女人如果全靠各种保健美容品和化妆品支撑，生命必定是空泛的。而内在的气质美却可以延缓衰老并使人年轻，可以在他人心灵上留下印记和引起震荡。

因此，女性要寻找属于自己的气质，要在精神上树立独立的自我，通过对自己的“文化美容”，找回真实的自我。

女人的气质会让她拥有一片属于自己的“精神家园”，占有属于自己的心灵空间。即使遇上再多的不幸，也不至于造成太多的失望，太多的茫然……

有气质的女人懂得如何刚柔并济，有时如一盆火、一块冰，有时似一杯茶、一盏纯酿。她是男人得意忘形时的清醒剂，颓废沮丧时的启动器。她时而温柔、时而刚强、时而浪漫、时而平实、时而文静、时而活泼……她丰富的内涵给人以新奇，宽容的胸襟使人敬慕。她是维系家庭的磁石，是工作中的最佳拍档。

女人的气质是女人最真实，最恒久的美。再美的女人，如果没有气质，也只是一个花瓶而已，相反，天生并不美的女人，既使是没有华丽的服装，一旦拥有健康的翅膀，也会立刻神采飞扬，展翅高飞了。外表的美是短暂而肤浅的，如同天上的流星，转瞬即逝；而气质，却像一缕暗香，渗透于女人的骨髓与生命之中，让她们在面对岁月的无情流逝时，拥有一份从容和淡泊。

而风情，亦是一种让人赏心悦目的独有气质，是一种成熟的极致美。

裙裾轻飘，袅袅浅行，盈盈水眸，回望一笑，这些都能在不知不觉间扣紧了他人的心弦，让他人如饮甘露，这就是女人三十的风情。

除了眼神里的风情，女人在形体语言、身体曲线、音容笑貌、服饰妆容、衣鬓流香之间，也会风情摇曳。她们身上的每一处细节、一招一式都可以风情十足。风情是非常女人化的一种特质，它无形无色，像丘陵中的微风，你感觉不到它的存在，却看得见漫坡枝叶的摇动，这股风来自于内心。

真正的风情，不在于卖弄，而在于自然的流露。风情在于女人对自身恰当的把握，敛与放的分寸至关重要。如果你过于收敛风情，也许就显得端庄典雅有余，但韵味不足；如果你过于张扬放肆，也就失之于轻佻风骚。

风情万种的女人，她们是人生四季里的长盛花，鲜艳却不张扬地盛开着，不会随着时间的流逝而慢慢凋零。

风情万种不是美女的专利，风情是一个人对精致的追求，是一种生活的态度。30岁的女人，岁月在掠夺她们青春的同时，给了她们风情的馈赠。她们如一道不张扬的优美风景，给人惊喜之余回味无穷。甚至有人警告女人们：看好你的老公，别让他遇到30岁的女人！30岁女人身上那种欲说还休的风情，是怎么挡也挡不住的诱惑。

女人的外表展现着自身形象，也是体现气质与风情的一个重要方面。

因此，三十岁的女人们，我们不能再用20岁的天真可爱伪装自己，我们要用适合我们年龄的东西好好装扮自己。可能我们衣着平常，稍不注意就会从别人眼前飘然而过，但如果别人稍加注目，我们身上一些看似不经意的东西却会让别人细细品味良久，甚至成为别人竞相模仿学习的目标。

人说闻“香”识女人，其实看“衣”同样可以识女人。20岁的女人像件毛绒衣，轻松而又自在，一件舒适的毛绒衣搭配一条随随便便的牛仔裤，青春就这样肆无忌惮地张狂着。30岁的女人是一条雪纺的长裙，不经意的摇曳间流露出万种风情。30岁的女人开始懂得时尚的真谛，开始懂得自己作为女性的价值。

三十岁的女人会创造自己的风格。融合了个人的气质、涵养、风格的穿着会体现出个性，而个性是最高境界的穿衣之道。一个人不能妄谈拥有自己的一套美学，但应该有自己的审美倾向，不能被千变万化的潮流所左右，亦步亦趋，而应该在自己所欣赏的审美基调中，加入当时的时尚元素，融合成个人品位。

风情女人不仅要穿漂亮衣服，而且重要的是要会穿衣服。穿衣服要讲究服饰美。女性的衣着打扮包含着很多学问，要想扮出一个得体大方、魅力四射的形象，一个女人必须要掌握一定的审美原则和服饰搭配原则。

假使衣着预算有限，最好选购颜色朴素的衣服，如此则可佩戴各种精致的饰物，以变换花样。这远比花色醒目的衣服，穿几次后就人人记住而不便经常穿要实际。尤其，衣服要讲究精而不在多，我们只要有几件质料不错、剪裁合体的外出衣服就可以了。

在家时，以穿着朴素的家居服或工作服为益，参加集会时则要以外出服为主。参加集会、酒会、音乐会等，要比一般场合穿得正式一些，但也不宜穿表面有亮片或闪光之类的衣服。参加晚宴或音乐会、戏剧舞蹈晚会时，可穿附金银丝的衣服，这样穿着，除可增加会场华丽的气氛外，还可使人置身于某种意境之中。

参加野餐或户外旅行时，宜穿质地好而轻便朴实的休闲服装，除非是出国旅游，穿毛线衣与牛仔裤也无妨。

短裤宜于夏季家居或户外运动、比赛或到海滨度假时穿着。

上班的服装，要质地考究，耐穿，剪裁合体且颜色朴素大方，并须保持衣着式样颜色搭配谐调。

服装的颜色搭配是否适当，将影响衣服的整体效果。所以，在着装时也要注意衣服颜色的搭配。如果搭配不好，不但穿在身上会显得不伦不类，而且会使女人的美丽大打折扣，更别说张显女人的魅力了。下面有几款基本颜色的搭配与大家共享：

（1）象牙白

白色是夏天永恒的主打色，相对纯白，象牙白吸光性好、光泽感强，更能体现高雅迷人的气质。象牙白闪耀着珍珠一般的晶莹光泽，比一般的白色更具贵族感，最好选择米色、茶色的衣物与之相配等。象牙白很容易与奶白色、杏白色、烟白色等相混淆。奶白色看上去光泽感不够、吸光性更强；杏白色中有一点点米色的影子，颜色纯度不高；烟白色在光下总给人灰蒙蒙的感觉，像是白色外面笼罩着一层极淡的烟雾。

（2）茶色

茶色与咖啡色属于同一色系，温暖、稳重、大方。如果是全身搭配，就要注意局部色调的变化，如通过胸针、腰带等的金属亮度提高整身服装的亮度；如果是与其他颜色搭配，同色系的米色、沙滩色、卡其色、咖啡色等都没有问题。茶色很容易与咖啡色混淆，如果将其与咖啡色一起放在灯光下，就可以看出茶色偏绿，而咖啡色偏黑。

（3）咖啡色

咖啡色服装是办公室着装中的常青树，咖啡色的深沉稳重一直让众多白领女性心仪。咖啡色是一种简单的颜色，最好选择同色系的服装购买，配穿的效果能体现白领女性的实干形象。

（4）米色

米色柔和且富于表现力，作为办公室着装，米色一方面可显露女性性感柔和的一面，一方面表现出女性精明细致的特点。米色的搭配范围很广，与鲜艳的色彩配合可以起到过渡的作用，与平淡的色彩配合可以起到提亮的作用。米色易与沙滩色、卡其色相混淆。沙滩色在灯光下会有金色的光泽，卡其色则在灯光下显现更近似于浅棕色的光泽。

（5）白色和黑色

白色和黑色是永恒的色调，也是最容易搭配的两种颜色，白色干净纯洁，而黑色则给人一种无形的神秘感，这两种颜色不论是与单色调搭配，还是与混花色调搭配，都会展示女人无限风采。

服装固然重要，但如果一个衣着美丽的女人行为粗鲁，口出脏话，那给人的印象肯定不是美丽，而且丑陋。风情是一举手，一投足，一颦一笑之中的自然流露，是一种不张扬、不浮躁，却任什么也挡不住的内在气质。所以，女人的风情与魅力更在言谈举止之中。

一个富有气质与风情的女人，应该亭亭玉立，挺拔而不僵直，柔媚而又富于曲线，一举手、一投足，无不透出美感。这种姣美的姿态展示了女性形体的线条美，充分体现出女性的端庄、柔美、稳重、自然和大方，看着她就会令人赏心悦目。

（1）站姿优美

很多人以为正确的站姿是把背部往前挺出，其实这是错误的观念，耸肩、挺胸也是错误的，因为这些动作都会加重腰部的负担，导致腰痛。正确的做法不是把背脊反弓，而是笔直伸直。这是优雅美丽而且不对人体造成负担的姿势，练习时可用背部贴墙立起脚跟、臀部、肩胛骨、后脑部也贴住墙壁的站姿，收紧小腹身体就会打直。

（2）坐姿正确

正确的坐姿应该是：膝盖并拢，腿可以放在中间或两边。但是如果要跷腿的话，两腿一定要并拢，当穿着短裙的时候，一定要保证裙子能遮住膝盖。

（3）行姿优雅

走路时要背脊挺直，收紧小腹和臀部，同时就像是把脚和身体往前上方拉出去似的，把腿往前跨出。想像走路的时候中央有一条线，双腿交互地沿着中线移动，同时刻意地移动全身重量。故意让双膝的内侧开大。这样多练习，熟能生巧自然就会养成优雅的行走姿势。这样走习惯了，走路的同时还能自然塑身。

（4）蹲姿得体

捡拾落在地上的东西或去取低处的东西时，不要弯曲身体，只要利用膝部的弹性就可以了。具体动作是，站在要捡的东西旁边，弯膝去捡，不要低头，也不要弯背，慢慢地把腰部低下，捡到东西后就慢慢地把脚伸直。要注意，低头下蹲捡东西的姿态不但不雅观，还会使背部紧张。特别是对于怀里抱有小孩或文件夹的女人来说，这种屈膝的方法尤为实用，因为这样既不会疲倦，背部也不会痛苦。

另外，女性在举止方面必须特别注意不要犯以下几个大忌：

（1）不要大声喧哗。无论听到什么“惊天动地”的趣事，在公共场所也得要保持良好的仪态，不能大笑大叫。

（2）不要口若悬河。在宴会中若有人和你攀谈，要保持落落大方，简单回答几句足矣。切忌向人汇报自己的身世，或向对方详加打探，这样很容易把人家吓跑，或被视作长舌妇。

（3）不要说人是非。在社交场合说长道短，揭人隐私，必定会惹人反感，让别人对你“敬而远之”。

（4）要主动和别人交谈。面对初相识的陌生人，应该主动与其礼貌性地交谈几句，切忌坐着闭口不语，一脸肃穆表情。

（5）不要在众目睽睽之下涂脂抹粉。如果需要补妆，必须到洗手间或附近的化妆间去。

（6）要大方自然。假如发觉有人在注视你——特别是男士，要表现得从容镇静。若对方曾与你有过一面之缘，可以自然地打个招呼。若对方与你素未谋面，不必忸怩忐忑或怒视对方，可以巧妙地离开他的视线范围。

总之，女人的魅力与风情是在一点一滴处体现的。这就需要女性自己加强练习，使得自己的魅力体现在每一个细节当中。

除了举手投足这些肢体语言能表现女性魅力之外，话语的表达——声音也是女性展现风情的重要载体。女人若有一幅甜美的声音，听起来就会非常悦耳，就像美丽的外表一样给人一种赏心悦目的感觉。

在与人交往时，给人的第一印象除了外貌、衣着、举止之外，那便是声音了。拥有好听的声音，在人际交往上有着举足轻重的作用。有人说，在决定第一印象的要素中，仪表与声音可以各占一半。只有开口说话，才能决定他人对你的真正印象。如果一个人的外表很美，说话的声音也很美，那就等于在魅力的左右长了两只翅膀。

声音的感染力是非常大的。当我们开口说“你好”、“你辛苦了”、“你费心了”时，若声音甜美、柔和，会让对方备感温暖和自然，会增加对你的亲近感。训练自己的声音魅力，并不是让我们的声音一定要像百灵鸟一样，因为每一个人应该有自己的声音特点。

微笑是一门学问，又是一门艺术，它是人际交往的润滑剂。应该学会巧妙地运用，这样，你在周围人的心中就会魅力大增。

一定要记住的是，微笑要发自内心，不要假装。要自然、美好、真诚。切忌虚假造作的微笑。微笑时把对方当成自己最真挚的朋友将会让你笑得更开心。

在微笑的时候，一定要显露出温馨、关切的表情，这样能有效地缩短与对方的距离，给对方留下美好的心灵感受，从而形成融洽的氛围。无论在什么情况下，都应该学会随机应变，用微笑来对待每一个人，还可以让人觉得你有着良好的修养。

微笑是彼此沟通的钥匙，全世界的人都知道用微笑能打开人们心灵的窗户。微笑使人脸上透着安祥、慈善，它是一剂镇静剂，使暴怒的人瞬间平静下来，使惊慌失措紧张不安的人立刻松弛下来。

所以说微笑是女性又一件制胜的武器。真诚的微笑让人如沐春风，身心都很舒畅，这也是一种吸引力，一种无形的吸引力，一种风情，一种魅力。

三十岁的女人经过岁月的磨砺，已褪掉青春的羞涩与天真，换来的是气质万千、风情万种，一个眼神，一丝微笑，一个动作，甚至眉尖上、发梢上都是风韵无限，情态十足，到处张扬着三十岁女人成熟的魅力，是上天赐予人间的精灵与尤物。

三　知性与品位——魅力的提升

30岁的女人，如同周敦颐在《爱莲说》中所描绘的莲一般中通外直，不蔓不枝，香远益清，亭亭静植，可远观而不可亵玩焉。三十岁的女人不是压群芳、傲百花的牡丹，不是空守幽谷的山中木樨，而是携着矜贵香氛的精致白莲花。这些女人身上散发出一种知性的魅力。知性女人聪明却不张狂，典雅却不孤傲，内敛却不失风趣。女人的知性美是她们身上内敛着的一轮光华，不眩目，不耀眼，其光若玉，温润、莹透、可感、可品。

在汉语词典中，知性的定义是："具备知识和理性等特质"。"知性"除了标志着一个女人所受的教育以外，其实还有一层更深刻的意义，应该是女人特有的一种聪慧，它源于女人所受的教育和环境，可又并非哪一个看上去文文静静的女人就都可以被称之为知性的。知性必然是一种积累——知识的积累，生活的积累。

其实知识只是知性的一个基础。有很多的女性朋友，她们大部分都受过高等教育，不过其中真正可称知性的寥寥无几。女人就像一本书，有的有着深刻的内涵，有的只是儿童读物。

30岁女人身上的知性，带给她们一种相对平静但余味更久远的魅力。和她们在一起，你可以享受到人与人之间最原始的那种如冬日阳光一样的温暖。轻松、雅致、自我、明智、舒畅，和她们待上一个下午，你一定能获得一种由透着活力的平静滋生的希望和力量。

知性女人的定位，展现了都市女性应有的形象：有知识，有品位，有属于女性的情怀和美丽。

知性女人可以没有羞花闭月、沉鱼落雁的容貌，但她一定有着优雅的举止和精致的生活。知性女人也许没有魔鬼身材、轻盈体态，但她重视健康、珍爱生命。知性女人兴趣广泛，精力充沛，保留着好奇的童心。知性女人有理性，也有更多的浪漫气质，春天里的一缕清风，书本上的几个精美词句，都会给她带来满怀的温柔。知性女人经历了一些人生的风雨，因而也更懂得包容与期待……

知性女人是灵性与弹性的结合体。

灵性是心灵的理解力。有灵性的女人天生慧质，善解人意，能领悟事物的真谛。她极其单纯，在单纯中却有一种惊人的深刻。灵性是女性的智能，它是和肉体相融合的精神，是荡漾在意识与无意识间的直觉，是包含着深刻理念的感性。有灵性的女人以她的那种单纯的深刻令人感到无限韵味与魅力。

弹性是性格的张力，有弹性的女人，性格柔韧，收放自如。她善于妥协，也善于在妥协中巧妙地坚持。她不固执己见，但自有一种主见。有弹性的女人既温柔，又洒脱，使人感到轻松和愉悦。

灵性与弹性的统一，表明女性也具有一种大气，而非平庸的小聪明。知性女人是具有大家风范的。

一个真正的“知性”的女人，不仅能征服男人，也能征服女人。因为她身上既有人格的魅力，又有女性的吸引力，更有感知的影响力。

知性女人像一杯清茶，散发着感性的芬芳。知性女人关注时尚，打扮得体，气质优雅；知性女人内心浪漫，强调个性，对世界充满爱心和好奇；知性女人独立进取，意志坚强，努力追求自我价值的实现；知性女人还懂得给男人空间，深谙风筝和丝线的关系，不动声色地把男人的心拴得更牢。她有清新淡雅的面容，妩媚温婉的回眸，顾盼生辉的举手投足。她亦正亦邪，收放自如，将女人的魅力随心所欲地发挥到极致。

30岁女人的知性那是一种涵养、一种学识、一种花样魅力的象征，由内而外散发出来，时间在她身上只是弹了一个巧妙而圆润的跳音，将她出落得更加魅力动人。

知性与品位是女人魅力的一对姐妹花，高品位会让女人浑身上下散发出柔和淡雅的知性之美，知性会让女人的品位更高。

打扮外表很容易，或许你只需要稍加用心就可以了。而要想提高品位，那就得下点功夫了。

泡图书馆，听音乐会，参观名画展，进行一些民间艺术考察，甚至参与一些文化人搞的活动……这样在不知不觉中提高了你的品味，浑身流露出一种知性之美。

如果你这样不断地去充实自己，人们会发现一个一天更比一天睿智、一天更比一天高雅的你，那么，你的魅力是挡不住的。

书籍是从几千年以来的人类文明中逐渐积淀下来的瑰宝。我们想要让自己的思想更丰富，就必须从书籍里汲取养料。

每天用一定的时间坐下来，品品香茗、读读好书，这样在不知不觉中提高了自己的文化品味。

读书一定要读好书，读较高水准的书，“读一本好书就是与一个高尚的人交谈”。

提高阅读品位也不是要你读一些晦涩难懂的书或者找一些较前卫的作品来读。阅读毕竟是在欣赏，是为了使自己心神更放松更愉快。因为只有更放松更愉快，你才能坚持下去。所以，也要注意可读性，除非你感兴趣，要不然就放弃它。因为世上有太多的好书值得你去读。

读书，会让一个人变得明智，懂得道理，让人富有内涵，它会使人在繁杂世事中知道什么是自尊、自立和自爱；它还会使人对事情能够透过表面看到它的本质，知道什么是宽容和礼让，知道什么是美丑善恶，懂得人生的真谛，看透社会的真理糟粕。站得高才能看得远，你只有站在一定的高度，你才能看清人世间的烦乱。

因此，女人如果要想变得让人耐读，就必须得带点儿书香。带点儿书香的女人，就像一枝迎风招展的鲜花，无论是长在争奇斗艳的百花园里，还是散落在乡间田原，它都可以绽放出一股诱人的花香，或清新或奇艳，或素雅或浓烈，它总给人一种梦魂缠绕的感觉，让人素手留香，过目不忘。

要做就做个书香女人。30岁的书香女人是最优雅的，她们的美丽蕴含着深度风韵，而不仅仅流露于表象和姿态。她们年轻依旧的心在都市流动的喧嚣中，悠然地提炼着宁静，气质和风度中自有一种超凡脱俗的洗练。

30岁的书香女人懂得如何才能气质不俗，一颦一笑中的沉稳与端庄对她们而言已是运筹帷幄。丈夫面前她们温柔体贴，公婆面前她们贤惠温和，子女面前她们母爱浓浓……30岁的书香女人展示出的处处是一股无形的魅力，俘人于无形。

音乐像书籍一样能抚慰受伤的心，能振作倦怠的灵魂，能为生命的战斗而呐喊，能引导生命向未知开拓。

三十岁的女人，因为对生活、对社会的感悟，对于音乐的理解与需求已褪去了年少时的浮躁与轻狂，于是听音乐就像呼吸空气一样自然，不可缺少，而不是附庸风雅：当大多数人争先恐后地要冲入“神秘园”时，当每条大街上都有马修·连恩的低吟时，三十岁的女人总会莞尔一笑，仿佛想起了儿时吃过的水泡饭——现在已经不会再用它来充饥了。她知道如何加强自己的营养。如果把听音乐比喻成吃饭，晚宴通常是郑重的：主菜是《图兰朵》、卡拉丝或者波提切利演唱的歌剧片段做背景音乐；如果有酒，那就要《蝴蝶夫人》——浓烈的味道像一杯苦艾酒，虽说使眼泪忍也忍不住，但让人心甘情愿地去感受；饭后的甜点不妨来一点格里格的钢琴小品，轻柔抒情的琴键敲遍全身，在每一处都印上静谧的音符。于是，在华灯之下，演奏着幻想，如同花儿绽放……释放出一阵阵令人回味的香气。

文化是品位的基调，音乐是品位的提升，而生活则是品位的练习场所和主要表现地。

生活有品位，需要有一双慧眼去发现美，创造美，使自己的生活发生质的飞跃。

不一定要居住在豪华的别墅，但是一定要有高品位的思想；不一定要求禅论道，但一定要有宁静的时间和宁静的心情。

高品位的生活不是摆两把椅子、一张桌子的事，而是一种精神世界的外在体现。

任何人的生活都不会总是晴天，烦恼、焦虑、失望……总是悄无声息地从潘多拉的盒子里跑出来，伺机侵占我们惬意的心。凡尘中的你是不是被搅得焦头烂额了呢？而有品位的女人会先把它们尘封。待到心平气和、神清智明时再杀一个漂亮的回马枪。

所以，她总是生活得诗意盎然。清晨醒来，摘一朵白云放在衣袋里，于是一天的心情都会轻盈曼妙。即使工作繁忙，她也能忙里偷闲，适时地放飞心情：窗下的小草终于钻了出来；滴在纸上的墨迹像一只小狗；晚霞的色彩变幻莫测，想不出由哪些颜色来调和；雪花飘下来的时候美得让人心里颤动……正是因为有这些小亮点，日子才不会阴沉。

上天总是公平的，在关上一扇门的同时总会为世人打开另一扇窗子。三十岁的女人，容颜已开始慢慢褪去青春的色彩，但是她们身上流露出来的魅力却更让人心动。成熟的头脑，由内而外散发出来的气质与风情，对人、对事、对物的知性与品位，无不是经过岁月洗练，沉淀下来的智慧与精华。所以魅力女人正三十。

第二章　快乐：三十岁女人不能舍弃的追求

生活，永远是自己的。生活中的酸甜苦辣咸各种滋味只能靠自己去品尝，别人无法替代，更无法感同身受。既是如此，我们为什么不好好经营我们的生活呢？快乐与痛苦，高兴与悲伤，愉悦与难过，开心与伤心，如此等等，这都是生活带给我们的种种情绪，我们无法躲避，更不能逃避，那我们就应该快乐地接受，积极地面对。快乐与痛苦都是有魔力的，它们会在人的心中膨胀、长大，生活有一份的快乐，人的心中就会有十份的快乐与开心，生活有一份的痛苦，人的心中就会有十份的痛苦与悲伤。如果我们一味地把痛苦放在心中，时时把心灵角落里的悲伤拿出来咀嚼、回味，那我们头上的天空肯定一直阴云不散。那样的生活又有什么意义呢？但换一个角度想，如果我们有选择地记忆，把曾经的和现实的一份快乐放大到十份，整个身心散发出来的都是快乐，浑身都是阳光的味道。那样的快乐生活是身上的每一个毛孔都透着快乐，身与心都舒服得要唱歌，思绪可以随着轻风与白云飘向遥远而美丽的银河。所以，快乐，乃是三十岁女人不能舍弃的追求。

一 学会享受生活

生存，是一件很容易又很不容易的事情。享受生命，享受生活也是一件很容易又很难实现的事情，没有任何定义，没有任何界限，更没有任何经验可以传授，因为每个人的想法都是不完全一样的，看待事物的方式不同，对事物的感受更不会一样。享受生活，很难说是怎么样的和哪种境界。活着，能呼吸或新鲜或混浊的空气，可以欣赏秀美的景色，可以聆听悦耳的音乐，可以吃到美味的食物，甚至可以感觉和释放所有的情感（亲情、友情、爱情……），——伤心时可以尽情地痛哭，开心时可以开怀大笑，郁闷时能静静地发呆，有自己的时间和空间，可以做自己想做的事，如此种种，不都是在享受生活吗?

然而，快节奏、强压力生活下的人却不能有自己的时间、空间，甚至情绪，自己不属于自己。三十岁女人的压力更大，为了追逐成功，为了追逐名利，为了使家人过上更加美好的生活，许多女人勇往直前，就连吃饭，也是匆匆不知其味地胡乱填饱了肚子，忙完工作忙家务，忙完丈夫忙孩子。结果却是心力交瘁，心累体衰，没有给自己留任何时间去品味生活的美好与芬芳，最终可能会留下生命的遗憾……

没有一个女人不想享受生活，只是人生短暂，在该享受生活的日子里，家庭和社会的责任让她在不经意间送走了自己的少女时代，送走了人生中最美好的时间，却忘却了自己。往往待她想起应该好好享受生活的时候，皮肤松弛了，牙齿松动了，身材走样了，这时想吃些好吃的、想天南海北的走走看看、想穿漂亮衣服的时候，已经不能够了！

三十岁的女人，不应该再拖延，不要再找什么借口：孩子还小，房子太旧，车子还没买。试着从现在开始就享受生活吧，想吃就吃，不要每次都要把爱吃的饭菜夹进孩子的碗里，他还年轻，他有的是时间去享受美味的饭菜；房子和车子还没有买，也不要紧，为买房子和车子整天累死累活的不开心，那是不值得的；累了就休息一下，放下手头的工作，在阳光底下晒晒太阳，来个温暖的日光浴；去想去的地方来个短途旅游；和老公一起去吃顿浪漫的晚餐、一起去听场音乐会……这些计划已久的事，应该从现在开始就去做，亦或心中突然涌出的一种强烈愿望，那就着手去做吧。

有一句话说的好：行走的时候，别忘了欣赏周围的风景。人生本来就是一个旅程，工作和生活也是如此，相信每一位女性努力工作的目的都是为了更好的生活。美好的生活不单单是名利、房车、物质的富有，还有健康的身体，和谐的家庭关系等等。如果工作的目的纯粹是为了挣钱，为了挣钱就什么也不顾，什么都可以舍弃，那么你就会在人生的旅程上只顾低头行走，完全忽略了生活中还有美好的风景。

不要天真地以为等你赚够了钱，再来放慢脚步享受生活，时间不等人，你孩子的无邪笑脸，你还算苗条的身材，还有你健康的身体都会成为过去，那个时候，你除了抱着赚来的钱又能做什么，你还有什么呢？孩子已经长大，有了自己的一片天空，再也不是那个需要你的保护和温暖怀抱的小小人儿；曾经婀娜的身材现在已不可同日而语，关键是曾经的健康与活力已离你远去，只剩下身体各部位等着医生来修理。这些，都是满大街可见的事实。那三十岁的女人，还在观望和等待什么呢？

正如一位心理学家所说：“工作、爱情、享乐是人生的三个重要方面，偏废了任何一方面就不能算完美的人生。”

人活一世真的很不容易，女人更不容易，为了生活，她们需要付出许多。父母需要照顾，孩子需要培养，一堆的家务不做不行，工作不出色有可能被淘汰，复杂的人际关系也很麻烦……这一切使自己完全没有独立的空间和时间，觉得很累很累，总想着有一天一定要停下来，好好休息一下，充分享受一下生活的乐趣。

可是，人的生命有不堪一击的脆弱，不要想着来日方长，要享乐就从现在开始。

也许你想着等自己攒够了钱，等自己功成名就了，美好的生活自然就会来了，可是很多东西并不是金钱可以买到的，比如健康。我们所说的享受生活，其实很简单，只不过是你从繁忙的时间里面抽出一点点来，为自己做一样爱吃的菜；只不过是停下你匆忙的脚步，在商场里，为自己买一件心爱的礼物；只不过是你约上三五好友聊聊天，不用频繁地看表，顾忌家人的晚饭和晾出去还未收回的衣衫；只不过是你抽出一个晚上的时间去看一场自己喜欢的电影，不用惦念任何人的阴晴冷暖。

聪明的女人，不要拖延，不要再举棋不定，不要再“珍藏”任何能给生活带来欢笑和希望的东西。一个女人，应该学会享受生活，只有会享受生活的人才会创造光彩绚烂的生活。

享受生活，就是要用心去感受生活的点点滴滴，用心去领悟生活中的爱恨情愁。享受快乐生活并非遥不可及的海市蜃楼，而是就在身边唾手可得，比如今天我们看到一件非常喜欢的衣服，但价格不菲，而心里的愿望又是那么的强烈，都可以说到了不买就很痛苦的地步，那我们就可以把它买下来。实现自己的愿望，这实际上不就是享受生活吗？

三十岁了看着别的同龄女人每天花枝招展，这月去东北、下月去西南成天在天上飞，再看看自己素面朝天，粗裙布衣，每天除了下班做饭，就是早起上班，或许你会安慰自己，好日子还在后头，等我赚到资本我也来精致潇洒一回。但是日子久了，你就会发现，去年本打算今年存够了钱就去潜水看海，明年好像又要贷款买房，肯定又不行，况且，休息一天，少一天的工资啊！

于是，美好的梦想，就只能无限期地往后拖了。但实际上，真的有那么困难吗？困难到看中一件梦寐以求的衣服，都非得衡量再三后，还是选择放弃？

青春有限，亮丽的容颜实在太珍贵，如果不趁着自己年轻，抓紧享受，难道等到七老八十再化彩妆？丈夫重要、孩子重要、房子也重要，但最要的还是享受这一刻的生活！所以若真的碰上一样喜欢的东西，如果不是明天就没钱吃饭了，就买了它吧！

能够想到以后的生活，未雨绸缪，是对自己负责的生活态度，但是千万不能太甚。人生最好的生活方式，就是一边计划未来，一边享受现在，即使只是小小的享受，也比终于熬成正果，坐拥豪宅，却只剩下一颗苍老的不会享受的心要好。

紧张和吝啬是会养成习惯的。如果你们的预算不够双飞游，也可以坐上公共汽车，和你心爱的人到郊区去露营一次，在山野间纵情地享乐一番；假如你的收入的确不够你去欣赏一场演奏会，你仍可以买回一张碟，在家放给自己听；就算你们的确不能去西餐厅浪漫一回，你也可以在家烹饪最拿手的水煮肉片，然后冲个澡洗去满身的油烟味，穿上你最美丽的衣服清清爽爽地坐在红烛前，喝杯红酒……

简单地生活也是享受生活的一种方式。所说的简单生活，应该有两个方面的涵义。一个是我们可以利用简单的工具，完成我们的工作，像狗一样，直线扑击兔子。另一个就是我们的生活态度可以简单一些，可以单纯一些，主要是对物质的要求简单一些，就像狗一样，有根骨头啃啃就足矣，而把更好的心情和体验留给大自然，留给自己的心性和自己真正想要的生活。

这个世界本来就是多极的，有人喜欢奢华而复杂的生活，有人喜欢简单甚至是返璞归真的生活。当人性中的浮躁逐渐被时间消解了的时候，人们似乎更喜欢简单的生活。这是一种趋势。

衣食住行一直是人们企图高度满足的四方面。只是眼下无论在西方还是在东方，总有一些人，不仅对物质的要求变得简单，住简单而舒适的房子，开着简单而环保的车……而且处理现实的工作时，也在追逐简单而实用的方式，用现代科技带给现代人的简单工具，“修改”着自己的工作和生活，出门带着各种银行卡，走到哪里刷到哪里，揣着薄薄的笔记本电脑，走到哪里工作到哪里，甚至在厕所里也可以打开电脑处理一些日常工作……并从这些简单中得到无限的乐趣。

生活的美满在一定程度上就是善于选择和善于妥协。如果你要更多的时间、更多的自由，你就必须接受这样的现实：你不可能让什么事都做得如你意。举例说吧，你可以把家庭杂务琐事分配给每个家庭成员，即使这意味着降低烹调和房间打扫工作的质量。

二　知足常乐

快乐生活其实说到底还是人的一种心态、一种态度，佛家说的好，欲望是痛苦的根源，无欲则无求，没有什么要求也就无所谓实不实现，哪还有什么好痛苦的呢？说这些实际上并不是让天下人都无欲，那社会就无法进步。但我们完全可以折中一下，知足常乐。只要我们调整好自己的心态，对自己的生活、工作感到满足，我们能不时时享受到自己的快乐生活吗？

每个人都有自己的目标及梦想，三十岁的女人更有自己的目标，这种想法无可厚非，因为每个人都有得到自己梦寐以求的东西的权利，但是这种执著的追求可能会造成困扰，那就是忽略了知足，忽略了珍惜，也就是忽略了身边美好的事物，忽略了享受生活本身。无论你的目标是变成人人艳羡的明星，还是变成百万富翁，或者成为人人尊敬的楷模，都不能让这些欲望带你走上充满诱惑的路径。一旦未来比现在更有趣味，目的地的重要性就会比过程还高，于是你就会过于执著于遥远的未来而忽略了现在，但现在才是最美好、最难能可贵的。至于目的地，就算有一天你真能达到，也会发现它竟然如此乏味无聊，实在不如从远处看得那样好。

为什么呢？因为若要达到长期目标，你必须要做一定的牺牲，但是如果这种牺牲过大，甚至剥夺了你现在应该享受的很多欢乐，就会走上自我否定的道路，从而你就会过上一种相当阴沉、毫无希望的生活，那样做一点也不明智，是用实实在在的现在去换取虚无缥缈的未来。所以，我们要知足，要珍惜现在拥有的一切。

过多地把眼光放在未来，就会把关注现在生活的时间给占用了。试着每一天让自己的生活更美好一点。如果你投注了足够的精力在你现在的生活上面的话，你可能会创造出更好的未来，而不是去刻意地努力追求。也就是说，你已经拥有了美好的现在，不必太过于处心积虑，美好的未来就会主动找上门来。

人的精力是有限的，工作与生活的关系似乎就成为矛盾，但谁又能说工作与生活不可兼得呢？只要我们摆正心态：在家全心全意地陪伴家人，在公司完全专注于工作。这样，我们在工作上的决策品质会更高、更快速，本身也更有自信，而且在家也是一个称职的妻子和母亲。在工作和生活两者之间，选择一个中间点，使自己的心态达到了平衡。珍惜现在的生活比一味追求未来更容易让人感到幸福。

“我就是最好的女人！”持这种心态的女人往往比较自信，也比较懂得享受现在的生活。但是现在好多女人都不知足，都在努力地让自己变成“更完美的人”，但是这样往往让自己失去了个性，那个你期望成为的人就存在于你的身上，也许现在只显露了一部分，但是时机一到，你身上那个更好的人便会绽露光芒。

自信是你身上非常重要的部分，缺点是你非常宝贵的资源，一点一点地发掘它们，再让自己在解决缺点的同时逐渐成长。这将是一场艰苦的战争，你必须紧握拳头，与自己作战。但是这样又会造成自己对自己苛刻要求，所以不要太强求自己，以免造成自欺欺人，直至最后失去自己。

未来不需要你去改变自己，但是需要你的成长。你必须在你的内心进行大量的不受拘束的、坦白的对话，之后慢慢努力，继续维持，让自己成长。

对有的人来说，计划看起来很美好很合理，但是它仅仅是个目标和理想，只是内心对未来的一种期许。做计划有时候是必不可少的，但除此之外还有许多重要的事情需要你去完成，你必须以轻松的态度看待计划，而且要快速学习。若能迅速地吸收新的想法，不墨守成规，就能让你的未来更加璀璨。成为活在当下的学习者要比专业的计划者更加成功。试想，科技正以何种惊人的速度改变我们的生活，而且这种趋势绝对会持续不止，即便是十年的计划也会显得跟不上时代的变化。生活的步调变得那么快，制定计划的技巧可能在你还没有精通的时候已经过时了。因此，不要再固执于计划，不要再按部就班地要求自己，适时地改变，以一种轻松的态度去看待计划，那你的生活压力也就不那么大了。

如果你是一个追求洒脱的人的话，就去寻找那些能够自得其乐、生活得很有价值的人。如何找到这样的人呢？只需要你自己也是那种自得其乐，懂得运用创意凸现自己价值的人。

一个懂得爱惜自己的女人是应该懂得适时给自己减压的女人，所谓宠爱自己，便是时时刻刻对自己好一点，给自己做一顿大餐，给自己买一件心仪已久的衣服，和家人或朋友去远游一次，或者就一个人去自己喜欢的酒吧或咖啡馆享受一个宁静的下午。

没有别人可以给自己减压，惟有自己，把心态放轻松，把握现在的生活，享受已经得到的幸福。

知足常乐。人不可缺乏进取心和奋斗精神，但一味地追名逐利反而会得不偿失。只要努力过，且通过努力进步了，收获了，就不要对自己苛求。

知足就是对已经得到的东西或者愿望感到满足。知足常乐就是客观地认识和准确地判断已经实现的目标和愿望，并充分肯定目前的状态，从而始终保持愉快、平和的心态。知足常乐要求我们要有适可而止的精神，它并不是安于现状，不思进取，固步自封，而是对现有收获的充分珍惜，对目前成果的充分享受，也是对现有潜力的充分发掘，为今后的创新和进步提供平台。理性的进取应该以知足常乐的心态为基础。我们在生活中，往往总在考虑自己并未得到的东西，而忽略已经拥有的东西，以达到欲望的满足。不知足导致人们往往会用不正当或不符合伦理的手段达到人们欲望的短暂满足，而由此给人们带来的巨大精神压力和不良的社会效应也并不会使人“常乐”，这正是因为没有适可而止的精神和知足常乐的心态所造成的。

“知足常乐”能使人心平气和。尤其是在遇到不平事或不公平待遇，心里感到委屈、憋闷或心理不平衡时，多想想已经得到的东西，多品味几遍这四个字，也许很快就能使心情轻松平和下来，将心中的不悦之情，满腹怨恨之气，在心平气和中悄悄释然，使心情由坏变好，达到神安气顺，“消消气”功能还是有的。

“知足常乐”能起到开导劝解的作用。想起“知足常乐”这四个字，就会自觉丢掉许多的俗语与贪心，使人变得更加理智与聪明，对人对事，对名对利，对钱对物，目光都能看得更远，使性格豁达与大度。

“知足常乐”，又似一剂心灵的良药，很唯物，很现实，也很见效与管用，它告诉人们一个普遍的真理：烦恼多与“不知足”有关。一些心理疾病与精神上的障碍形成，也多与一个人的气不顺、心不平，身心欠调理相关。若一个人能抛掉过分的私欲与贪心，变得知足知够，就会通情达理，就会少钻牛角尖。“知足”是“常乐”的前提，“常乐”是“知足”的结果。二者相辅相成，互为因果。

知足常乐正是无穷的欲望和有限的资源之间达到平衡，知足更是一种智慧，常乐更是一种境界，让我们怀着一颗知足感恩的心，享受家庭，享受生活，享受工作，感受快乐。

三　重拾往日爱好

人人都有自己的爱好与兴趣。但人有时候又不能随心所欲地保持自己的爱好，“人在江湖，身不由己”。尤其三十岁的女人，每天早上一睁眼就要忙，一直忙到晚上闭上眼睛睡觉，更别提什么兴趣，什么爱好，什么独立的时间和空间了。

为了爱情，为了家庭，为了生活，女人会牺牲一切把自己埋身于家庭、生活、工作，不但要辛苦的工作，还承揽一切的家务，牺牲自己的爱好，竭尽全力让老公不为家里的事情担忧和困扰，无牵无挂地在外打拼。按理说，这应该是一个很幸福的家庭。可事实是，很多时候，当男性事业有成的时候，他们看似美满的家庭也要解体了。

大多数人可能会把原因归结到男人的负心上面，于是就有了一句话：“男人有钱就变坏。”可是，事实果真如此吗？婚姻和感情需要双方共同维护，这种维护不但是物质层面的努力，还包括精神的交流和沟通。男人在外面打拼，接触到的是一些比较新的事物，关注的很多东西与工作有关，而女人呢，生活的全部就是家务、老公和孩子，说来说去就是一些柴米油盐、穿衣吃饭的家务琐事已开始与社会脱节，没有属于自己的东西。可以交流的话题越来越少，久而久之，家庭就会出现一些问题。

爱丈夫爱家庭，一定不要失去自我。要知道，他当时爱上你的时候，是因为你的个性，是因为你是一个很丰富的人，如果你为了他而去改变自己，改变自己曾经吸引他的地方，磨灭自己的兴趣和爱好，那只会离他越来越远。

同时，生活中不是只有爱情，也不是把所有的家务做好，把孩子照顾好，就能美满幸福。丈夫重要，孩子重要，但重要的还是要享受生活，享受自己的心理和生活空间，享受自己的爱好所带来的快乐。

其实，生活本身完全可以过得丰富多彩，谁说三十岁的女人就不能有自己的爱好，只能受制于繁重的家务劳动的呢？只要合理地安排工作与生活，每天为自己腾出一点时间，哪怕只有十分钟，或者半个小时，更或者有时候工作或生活忙得太累了，身与心均疲惫不堪，都有隐居山林的想法的时候，那我们就向公司请几天假，放下手头的工作，把家务劳动交给丈夫，或者请父母帮忙照看一下，然后拾起自己放弃多年，但一直念念不忘的爱好，放纵一下自己的情感，你会发现你的生命又将充满活力。

真正懂得生活的女人是一个丰富多彩、有滋有味的女人，而不是一个整天只知道围着公司或家庭打转的女人。

如果你喜欢旅游，那你可以找几个曾经的“驴友”，大家可以在一起聊聊哪里的风景比较漂亮，哪里比较适合爬山，天气好的时候，一起走出去亲近一下大自然。那样和平轻松的环境可以让人有极大的放松找回昔日与朋友一起游玩的感觉，同时又增长了见识，何乐而不为呢？

如果你喜欢写写画画，尽管你不是专业人士，但是只要你有那样的兴趣每天抽出半小时的时间，并且能坚持下去，那也是一种极好的自我放松方式，说不定还会有意外的收获。

如果你爱好运动，那么把自己的时间分点给这样的业余活动。运动可以让一个人充满活力，在一天的劳累工作之后，挑一个时间，约上几个志同道合的朋友一起去做运动。可以参加俱乐部，也可以去健身中心，或者到公园跑跑步、打打球，都可以让你一天的疲劳得到有效的缓解。只有良好的身体状况，才可以让你的工作和生活更加有效率。

如果你喜欢读书，那不妨每晚睡前抽出点时间，放松自己的心情，拿出自己一直喜欢却没时间阅读的书籍，在一片安静、祥和、轻松、自然的环境里与各位大家的灵魂对话，用心去感受作者笔下流淌出来的文字，去感受故事主人公的命运，在优雅柔美的文字中穿行，在睿智深刻的语言中感知社会，感知人生。

如果你喜欢舞蹈，那就可以找出落满灰尘的舞鞋，搁置已久的运动衣，充满自信地与那群满脸青春的女孩子一起跳出快乐、活泼的音符，勇敢地展现自己高贵、优雅、大方的舞姿。这样不但可以锻炼身体、塑体造形，还可以提升气质，更可以让你容光焕发，生活中充满各种乐趣与阳光。

曾经那么向往在海边看日出，觉得太阳喷薄而出的那一瞬间，心灵都会为之一颤。但是少年时必须经过十年寒窗苦读，根本没时间去看；从学校走出来了，又忙着工作、忙着赚钱，即使偶尔经过海边，也只是匆匆一瞥，日出的美妙与震撼始终没有机会去领略。

日出是极具诗意的，因为如一粒种子在黑暗中酝酿、挣扎，以至毅然地长出嫩芽；又如毛虫在艰辛复杂的过程中蜕变为蝴蝶，太阳也同样经历很久的奋斗、摸索，才能最终一跃而出地平线，将黑夜化为黎明。

事实上，日出除了具有可与日落媲美的诗意，更具有令人叹为观止的壮丽：随着旭日发出的第一缕曙光撕破黎明前的黑暗，东方的天幕由漆黑而逐渐转为鱼肚白、红色，直至耀眼的金黄，喷射出万道霞光，最后，一轮火球跃出水面，腾空而起，整个过程就像一个技艺高超的魔术师，在瞬息间变幻出千万种多姿多彩的画面，又怎能不令人叹为观止呢！

然而，生活在高楼林立的都市女人，有过多少观看日出、沐浴晨曦的体验呢？

或许只有寥寥几次吧，比如某个刚下火车的早晨，或偶尔登山观景之时。而更多的人或许一次都没有！每当那个时刻，我们无不蜷缩在被子里，蒙头大睡……即使偶尔起大早，忽萌看日出的念头，又能怎样呢？高楼大厦夺走了地平线，都市的晨曦不知从何时起，早已变了质——灰蒙蒙的尘埃，空气中老有黏黏糊糊的感觉，老有挥之不散的汽油味儿……

曾经有人如此断言：“从没有看过日出的人，实在是枉过此生了。”既然在都市中没有机会实现自己看一次日出的梦想，那不如趁某一个闲下来的周末，放下身边的一切凡尘俗事，背起行囊出发吧，去感受日出的诗意和壮观，去感受大自然的美妙和伟大。

爱好是各种各样、五彩缤纷的，可大可小，可多可少，不论什么样的爱好，只要是属于你自己的爱好，可能已经被搁置很长时间了，可能已经有些生疏，可能是你盼望了几年但一直没去做的，那么，女人们，把你曾经的爱好拾起来吧，你自己的生活需要多姿多彩，你自己的生活需要你自己去创造，去享受，去感悟。你快乐你享受了，你的家人、朋友才会享受到你的笑声与快乐。

四　过好今天

尽管历史很长，但人生实在短暂，犹如银河里划过的一颗流星，耀眼但转瞬即逝。生命脆弱，真的不知道会在哪一天停止，何况女人三十岁，已经走到了生命的三分之一。所以，过好今天，享受现实生活的每一天是非常重要的。一定要多陪一陪家人，享受一家人其乐融融的幸福；一定要主动联络朋友，享受关心别人后的满足；一定要让自己喜欢的人了解自己的心意，减少心里的遗憾；一定不拖延工作，享受任务完成后的成就感。

谁知道明天，甚至下一分钟会发生什么。很多事情一点都不难完成，只是以前给了自己太多拖延的借口。

从今天，从现在，要怀着一颗感恩的心，珍惜并享受每一天。

“明日复明日，明日何其多？我生待明日，万事成蹉跎。”是呀，今日事今日毕，今天的快乐今天享受，今天的痛苦今天解决，何必事事等到明天呢？过好今天才是最重要的呀！那么，我们不妨做一些事情，来过好今天吧。

（1）记下当天的快乐。养成每天写日记的习惯，记下当天的快乐心情，或是使你快乐的人物和地点，心血来潮时就拿出来重温快乐时光（日日是好日，年年是好年），千万不要将不愉快的情绪留到明天。

（2）“血拼”的快乐。试着每逢星期天，就到超市大肆采购一番，将冰箱装得满满的，以富足快乐的心情，迎接每个星期的开始。

（3）打扮下一周。用相机拍下自己拥有的每一双鞋子的图片，贴在鞋盒的显眼处，并于星期天安排好下个星期的服饰搭配，如此就不需要每天一早起床，为当天要穿哪件衣服而伤脑筋，省下来的时间就可以不慌不忙地享用美味的早餐，或花些时间做脸部按摩运动了。

（4）记住每个小快乐。习惯数字带给你的兴奋，利用数字带来的推动力让自己慢慢进步，就算今天比昨天只多做了一两下的仰卧起坐，也能带给你小小的快乐及成就感，毕竟一想到今天的你将会比昨天更接近保持体形的目标，那种快乐是无法形容的。

（5）发现新乐趣。每日利用一点时间，打开电脑浏览自己喜欢的网站，在你汲取无边的知识之余，又可享受比别人早一步发现新知的乐趣。

（6）帮助别人就是快乐。不论是扶老人过马路，在公司里帮同事一点点小忙，或是在办公室制造欢乐气氛，都算是好事，这会使你一整天都拥有一个快乐的好心情。

（7）为今天确定主题。依照你喜欢的方式，为自己精心计划今天的特定主题，譬如是打球日、逛街日、约会日、睡觉日、学习日，积极快乐地享受每一天。

（8）今天大扫除。你一定有过有时发现家中某种东西不翼而飞，但日子久了也就不了了之，然后无意间在今天的打扫中它突然出现在你眼前，那种在家寻宝失而复得的心情真的很开心。而且定期清理杂物和旧物，让家里窗明几净，空气流通，也有除旧迎新增加能量的功效。有时也会有不大不小的意外的收获。

（9）确定目标。专家说过，没有设定目标的人，就永远达不到目标。将你的理想、目标视觉化，以图片的方式，剪贴在大卡纸上，有空就拿出来欣赏，图片看多了，可以刺激你努力的去达成某个目标，让你早日享受梦想成真的满足感。

（10）找回记忆。你一定很怀念小时候等待过年的兴奋心情，因为只有在过年时才有足够的压岁钱，可以买心中很想拥有的东西。长大后的我们可以随时买到自己需要的东西，所以已经完全不懂得珍惜自己身边拥有的，也忘了什么叫得来不易。不妨训练自己在发薪水的那个星期才购物，平常的日子便感受一下节制的乐趣，找回那份童年的记忆。

（11）享受早起。今天一大清早起床，感觉一下众人皆睡我独醒的优越感，早睡早起，头脑清醒精神爽，心情自然也会快乐舒畅。试着培养早起一小时的好习惯，你不但会多了宝贵的宁静时间及充裕的精力，你也一定会爱上那恬静清新的感受。

（12）储蓄的快乐。买个漂亮的小猪储蓄罐放在你的办公室桌上，每天“喂”它一次，会带给你细水长流的快乐。

（13）付出的快乐。为自己买棵小盆栽或养个小动物，它会使你心情愉快，而在你的悉心照顾下，看着它一天一天的长大，你一定会体会到经过付出而获得收获的快乐。

（14）珍惜天伦乐。家人永远是你最重要的精神支柱，好好珍惜及培养和他们的感情，定期为自己安排喜欢的家庭活动，有了家人亲切的支持，做起事来都必定更加起劲。不跟父母同住的朋友们，平日虽然不能常抽空见他们，下班后可别忘了打个电话问候他们。

（15）享受音乐。辛苦工作后，利用短暂的休息时间，听听自己喜欢的音乐，好好地奖赏自己一番，陶醉在优美的音乐旋律中，就算是只有短短的十分钟时间，也能帮你松弛神经，带给你不可思议的美妙感受。

（16）过好周末。在不用上班的日子里，你也可以过得既浪漫又有效率，如果不想让假日空白，平时就应该做好休假的规划，利用周末的时间，做你平日想做又一直没有时间做的事，让自己过一个有价值又丰富多彩的周末。

（17）爱上想像。人类的潜能是非常奇妙的，好好运用我们的第六感和意志力，乐观进取地想着经过努力后所带来成功的美好情景，让自己经常有着正面的思想，会在不知不觉中使你越来越接近成功。

（18）学会分享与分担。经常跟爱侣分享生活上的点点滴滴，在对方沮丧或不开心时给予适当的安慰与关怀，不但能使彼此之间的爱情更加滋润，更可激励我们不断向上。

（19）记住快乐。乐观的人容易遇上有趣的事，如果你常常不开心，可能你已忘了快乐的节奏感。只要你常到使你快乐的地方，再花点心思，留意周围的事物，便不难发现一些令人开心的事物。其实快乐是无处不在的，只是一直被我们忽略了！你一定听说过，笑口常开的人比较容易青春常驻，想要保持青春，就别忘了一定要常保持乐观进取的态度，积极快乐地过每一天。

正是因为人生短暂，我们才应该时刻保持一种快乐的心情，保持一种愉快、明朗、朝气蓬勃的精神状态，用一颗感恩的心过好每一天，真诚对待每一个人。

五　记住，做一个凡人

我们本都是凡人，应有自己的幸福与快乐。不必为种种繁文缛节而强迫自己去做那些并不想做的事，不必为别人对自己的种种评价而耿耿于怀，也不必在痛苦、伤心、难过的时候，一边强颜欢笑，一边却在舔着自己的伤口，心里在流泪。凡人，想笑就痛快地笑，想笑就放声大笑，不必有所顾忌，也不必搞得自己身心疲惫，头破血流地去追逐那些如同浮云一般的名与利。三十岁的女人，当你深夜仍在伏案工作时，当你忙完才想起没吃午餐时，不要忘记累了就歇歇吧，让心停止漂泊，回到最真实的状态，做一个凡人吧！

做一个平凡的人真好。因为做凡人不累，做凡人轻松，做凡人自然。做名人固然好，但一般人做不了名人。做名人要有常人没有的条件，比如天生的特长，过人的资质；后天成长的道路，周围的环境，以及成为名人的机遇等等。以上条件是不可缺的，可见做名人之艰难。

其实，做名人很累，因名而累。一个人一旦功成名就为世人所关注，从此开始一言一行、一点一滴，必须有名人的行头，名人的腔调，名人的举止，更要有名人的做派。否则，名人自己也看自己不像个名人，别人就更不把他当名人了。在任何公众场合，名人都得那么一“拿”，“拿”出名人的派头，“拿”出名人的腔调，左右的人再那么一吆喝，这名人的做派就出来了。水涨船高，人抬人高。名人的身边经常得有“随从”，既要为名人“开道”，还要为名人“护驾”，就是名人去厕所也得有人“陪着”，你说做名人自然不自然？

过去把人分为三六九等，名人很少，除了能“棋琴书画”、“能歌善舞”者，能在一个圈子里小有名气外，大多都是为官的人被视为名人。当然，县太爷、知府大人就算一个地方最大的“名人”了。谁要不认识县府大人，那可就是有眼不识“泰山”。当然，哪个人如果中了状元，或被点了举人，胸佩大红花，头戴高礼帽，乘着八抬轿，前呼后拥地衣锦还乡，不仅威风八面，光宗耀祖，还将一日之内成为名人。如果被皇帝看中点了状元，那可就名气冲天，举国扬名了！

自古至今，名人确实不好当，一般人最好还是少做名人梦，少有非分之想，一切顺其自然吧。

做人一定不要太争面子，一定不要虚荣心太强，更不要这山望着那山高，永不休止地好高骛远。其实走在大众中间才是最安全、最踏实、最快乐的旅行者。

做一个凡人，当太阳从东方升起，确认自己看见了红红的太阳，你才可以安心做事，因为现在你属于自己，因为现在你正开始你一天的真实生活。真实，其实就是生活中的一点一滴，是琐碎的。

（1）拥有与被拥有是相互的，拥有的越多，被拥有的也越多。比如你买了一辆车子，你拥有了它，但同时你要开始还贷、要保养、出了事故要“替它”负责，你要花大量的时间精力在它身上……那么恭喜你，你也被车子拥有了。如果你想拥有你自己多一点，那么请你拥有其他东西少一点。

（2）多鼓励。想想自己是喜欢被人鼓励还是喜欢被人骂，你知道答案了吧。又有这样一种情况：一个杀人犯不会从心里说，“这完全是我的错”，他会给出1万条理由证明他为什么会这么做，即使这样的人，你批评他他都不认错，那么谁还会承认自己的错误呢？所以批评别人是没有意义的，因此当你想批评别人的时候，请闭上你的嘴。

（3）少抱怨，或者说千万别抱怨。你向别人抱怨，那么你想从别人那里得到什么？让别人认可你的看法？亦或是同情？其实别人除了对你的厌烦，什么都不会给你。因此抱怨没有任何意义！

（4）少比较，人往往通过比较来获得幸福、悲伤、满足或安慰等，要是人人都活20岁，只你活到21岁，那么你是否感到这是幸福的，那么要是人人都活到500岁，而让你活到100岁，你可以接受这个现实吗？可见人们喜欢从比较中得到快乐和满足，但是这样的快乐和满足都是暂时的，无法永恒，因为你不可能总是最好的。假设你有1000元钱，A只有100元，那么此时你是满足的，但是当你看到B有10000元时，你就不快乐了，也许明天你有10万元了，或许你又会感到满足，但是当你看到C有100万元时你又不满足了……因此如果你想求一个永恒的心静，得到永远的快乐和满足，那么千万不要和别人比较。

（5）多看书。你想适应社会，那么你就得看书，或者说是学习，学习人类的游戏规则，学习人类的人生哲理。什么样的人可以不看书，世界上只有一个人的时候，一个没有任何欲望、不需要知道一点道埋的人，他不需要学习，可惜这样的人是不存在的，因此要记得多看书。

（6）与人为善。人与人之间的关系是一对反作用力，你给别人多少爱，人家也会给你多少爱，你给别人多少恨，别人也会给你多少恨。你对所有的人一视同仁，你对所有的人都心存善意，那么所有的人给你的也是微笑和温暖，所谓“善有善报，恶有恶报”也是这个道理。

（7）学会感谢。感谢生活，感谢身边的每一个人，要有一颗感恩的心。

（8）少忧虑。要知道你永远担心不完你要担心的东西，昨天已经过去了，因此昨天的东西你不必担心了，明天还没有到来，明天有很多未知的因素，那么你有什么好担心的，你根本不知道你担心的事会不会发生，至于今天或者说是现在，你或许可以担心现在的不利因素，但是既然现在还活着，你还担心什么？还有比是否能够活着更需要担心的东西吗？因此，请不要让心淹没在忧虑的海洋中，更何况有人说85%的忧虑都是不会发生的。

（9）少争辩。由于人与人之间对事物的认识有所不同，人生观世界观的不同，导致了人与人之间会产生误解，因为不同的人看同一个事物是不一样的，而同一个人随着时间的不同，周围环境的变化使其对事物的认识也会有所不同，这相当于同一个人在山脚时看到的是一个景象，到了山顶看到的会是另一个景象。因此，我们不能强求别人的想法和看法都和我们一样，也没有必要去争辩或争吵。

（10）想了就去做。很多事情其实很多人都想到了，但是做的又有几个呢？因此成功的也就没有几个。因此想与想并做是有本质区别的。能去做固然是好，且让我们暂时称此类人为勇者吧，但是“勇而不无礼则乱”，也就是说有勇气固然可嘉，但是要是做事单凭一股冲劲是不够的，还需要什么呢？礼。何谓礼，良好的内心修养，说到修养那就多了，但总的来说有谨慎的内涵修养是成功的勇者所需要的，也就是说做事得三思而后行也！

（11）莫生气。人生恰如一场戏，生气的时候想想，你能得到什么，除了自己不开心，旁人不开心，还会有什么收获呢？

（12）莫撒谎。一人若撒了一个谎，那么就意味着他要圆谎，当他圆谎时，他势必又得说个谎话，周而复始为了圆个谎言，他就得说无数个谎言，但是天网恢恢，疏而不漏，总有一天谎言要被戳穿，那么何必一开始就要说谎呢，况且说谎本身不是个轻松的事。

（13）助人莫求谢。当别人帮了你，但从此以后天天在你的耳边说，我帮了你，要是我不帮你，你会怎样怎样，时间一长你的心里会怎样想？厌烦与憎恶肯定油然而生。

（14）有付出才有收获。世界上每个人的付出总和等于得到的总和，即A得+B得+C得……=A付+B付+C付……但这不能说A付=A得，而实际上相等的几乎是没有的，因此对一个个体来说当一个人付出很多，而得到很少时，不必抱怨，也不用想不通，因为别人得到多了，你必然得到的少，因为总量只有这么多！

把自己看作凡人吧，更为关键的是保留一颗平常的心！

把自己看作凡人了，那些由于膨胀的欲望而不能满足所产生的痛苦就消失了。人生在世，碌碌无为不行，必须要孜孜进取，但是要做到淡泊名利。宠辱不惊看庭前花开花落，去留无意观天上云卷云舒。对名利的过度追求，就会沦落到人心不古的烂泥深潭。试想，求名的，何时为止？全球第一可只有一个啊！求利的，多少钱为止？当对金钱的贪婪仅仅是化作数字的游戏，人收获的不一定是幸福。看看那些可悲的沦为阶下囚的贪官，几百万几千万了，还是贪，欲壑难填。可是，在时只恨聚无多，等到人陷囹圄，发现对金钱的贪婪其实是人生的笑剧。还是那句话，金钱可以买来房子车子，可是永远买不到的是人的幸福感。

人在世上，更重要的是幸福感。出了名的，发了财的，升了官的，帝王将相，才子佳人，凡夫俗子，面对人生的短暂都是一样的。有句话说得好：走过坟墓，我们将会平等地站在上帝的面前。

简单地活着，善良、率直、坦荡，就使女人有时间和心情去品评人生的滋味，享受人生的乐趣。滚滚红尘中，平凡的女人拒绝练就那种江湖油滑的性格，爱自己胜过爱一切人。平凡的女人会在世事的牵累、终日的忙碌中，偷出空闲，修饰自己滋养自己，用自己淡然的心境去呵护那长长的秀发，呈现出来的是清晨阳光般的笑容，端庄的气度，深厚的内涵。职场的拼杀之余，白日的尘埃落定，灯下的女人会读一点书，看一段散文，使自己依然温婉和悦。爱上一个人，千丝万缕的心事托付于他，温柔宽容地待他，岁月离合，执子之手，生死与共。平凡的女人知道，爱恨情仇，恩怨得失，虽无法忘记，但可以宽宥，把沧桑隐藏在心底，让一切慢慢沉淀在记忆里，因为自己清楚，有些记忆的惟一归宿是从心灵到坟墓。远离刻薄和庸俗，明白什么是爱，什么不是爱；什么是属于自己的，什么是不属于自己的。女人活着要有自己的目标，它可以大可以小，可以崇高也可以平凡，但不能没有。

其实女人们要的仅仅是那一份平淡的生活，做一个平凡的女人。

真的，做一个平凡的女人真好，也许人会说这人胸无大志，成不了大事，但是有多少知道女强人的心酸事，她们表面光彩照人，可谁又知道她们生活中的另一面？虽然平凡的女人没有什么大作为，但是活得充实、真切，想爱就爱，想恨就恨，不必担心有什么政治矛盾也不用强装笑脸来包围本是虚弱的不堪一击的真正心态，所以说，朋友，如果你是一棵小草那就向着太阳茁壮地生长，如果你是一棵大树，那就准备做栋梁，人生短暂，为什么还要活那么累？做人，就做一个实实在在的人，一个为自己活着的人，所以做一个平凡的人，做一个平凡的女人真好。平凡的女人不用为生计而操心，也不用为做官而去应酬各种社交场合。社会啊，对男人所赋予的责任太多也太重，我们应庆幸我们是一个女人，一个平凡的女人，高兴了就笑，不高兴了就哭，活得轻松，感受生活，也享受生活带给一个平凡的女人的一切生活情趣，其中包括酸、甜、苦、辣。

在生活中我们有爱，也被人爱，正是因为我们是平凡的女人，所以我们的爱才更真实，所以才能感受到生活的美好，所以我们才充满对生活的热爱，珍惜生命，善待自己。朋友，如果你是一名普普通通的女人，你不要再羡慕那些女强人的所谓的奢华的生活，你又怎知她们坚强的后面是一颗多么脆弱的玻璃心呢？你不要抱怨生活对你的不公，生活中又有多少人是要风得风要雨得雨的呢？当然人各有志，你非要想做一个名人，一个女强人，如果你有这种能力当然可以，可悲的是如果你没有这种能力，这种机会，非要做这种白日梦，那可能就会迷失自己。让我们做一个真实的女人，让我们享受生活中的灿烂阳光、甜密幸福，暴风骤雨与电闪雷鸣吧！三十岁，只要我们不平庸，平凡又何妨？

第三章　放松：三十岁女人应该拥有的状态

心灵，有的时候也需要浮出水面透口气。

社会节奏的加快也带来了压力的增大。压力是我们对外界刺激的一种反应，它使人感到烦恼。当压力很大时，就会产生心理或生理的疾病，这时候就需要减压了，需要让心灵透口气。

女人三十岁，工作正处于上升期，每天大事小事一大堆，忙得像个高速运转的陀螺，恨不得一天48小时，正常休息时间都无法保障，更别说休闲与放松了；生活上繁杂琐碎的小事更是让人头疼，此时真希望能长着三头六臂，亦或分身有术。如此类似的压力很多很多，让女人们对生活毫无激情，每天像个准时的钟表一样按点做事。

这个时候，你最需要做的事情就是放下手边的工作，想一想你最想去放松的地方，最想去做的事情。给自己一个完全自由的空间，暂且不去理会已经让自己疲惫不堪的工作与生活方式。

试着给自己疲惫的心灵放个假，让心灵也呼吸一下新鲜的空气，为心灵加点营养，为走上新的征程积蓄力量和活力。女人三十岁，保持好放松的心情，以后的路还会有什么让我们紧张的呢？

一　给心灵放个假

人的心就像一匹马，拉着生命的车，成年累月地行进在岁月的大道上。三十岁的女人也不例外，所以爱护自己，首先就该好好呵护自己的心，适时给自己的心灵放放假。生命走完了三分之一，女人走过了柳绿花明的“丽春”，走进了骄阳似火的“盛夏”，或许你像夏日里的一枝玫瑰，骄傲地展示着出类拔萃的美丽，风光无限，尽情地抖擞着风华正茂的神采。可是，有谁知晓你究竟承受着多少压力?

你有工作压力吗？近三分之一的女人在为此担扰。在现代职场上，有人说：“妇女能顶半边天。”只是当年龄走到三十，这片天在逐渐变小，“开始褪色”的女人不但为今日之“饭碗”能否端稳发愁，更为明天“沦落”到何处而忧虑。在外企工作的女职员更惨，她们戏称自己为“三无产品”：无自由（家庭拖累）、无青春（韶华已逝）、无资历（人事的金字塔尖需要更深的资历）。谁还会珍惜“三无产品”？

你有生活压力吗？女人生来劳碌命。三十岁的女人在职业的半边天里忙了一天之后，又奋战在自家的屋檐下：烧饭炒菜、拖地洗衣、铺床叠被、吸尘去污、服侍父母、关爱丈夫、照顾幼小的儿女……女人就像陀螺，忙得晕头转向，时时有种快要被逼疯的感觉。

但是女人不能成为压力的奴隶，更不能让压力影响到身心健康。那么在压力威胁到身心健康之前，赶紧给心灵放个假吧!

给心灵放假，最好回归自然，融于自然，远离尘世的纷扰；给心灵放假，就到自己喜欢的地方，去寻觅生命的踪迹，去赏一袭花影，听林中鸟鸣；给心灵放假，就是能在细雨中聆听雨的倾诉，欣赏雨的浪漫，感受雨的温柔；给心灵放假，就是让自己尽情放逐，躺在融融的阳光下，看天望白云，让心轻盈飞翔；给心灵放假，就是约知己友人去清净的酒吧，喝酒品情，肆意地怀旧，尽情地释放自己心中的抑郁……

给自己的心灵放个假吧，这样才会抖落心中的压抑，让自己活得更轻松更自在。

（1）学会减压

有些女人喜欢在压力中生活，在压力中挑战自我，这样便有一种惬意的满足感。但不是每次都有好运气，压力多了会压得你喘不过气来，久而久之，便会殃及身心健康。因此，任何时候，都不要故意给自己加压，以免“年轻时用命挣钱，年老时用钱买命”。还是学会自我减压吧，有百利而无一弊。

（2）有计划

有些女人在开始工作时，不是理智、冷静地分析，了解什么该做，怎么去做，而是手忙脚乱地四处出击，使自己处于一种高度紧张的压力之中，结果却往往是事倍而功半。

所以，在开始每天工作的第一个小时里，应将全天的工作内容计划好，不应同时进行一件以上的事情，以免弄得身心俱疲。当完成今天的工作后，大声地告诉自己：“工作已结束，现在开始休息了！”

（3）多读书

在书的海洋里遨游时，一切忧愁悲伤便会抛诸脑后，烟消云散。读书可以使人在潜移默化中逐渐变得心胸开阔、气量豁达、不惧压力。

（4）在音乐中释放

音乐不但能刺激人的感官，激发人的联想，也能使在生活压力下积累起来的紧张情绪得以舒缓。想尽情发泄就听一听摇滚音乐；想理清一下情绪，古典音乐是最好的选择。在音乐中闭目养神，能够让人精神振奋，身心放松，从而达到减压的目的。

（5）香熏也能减压

在欧洲和日本，风行一种芳香疗法。特别是一些女人，尤其为这些由芳草或其他植物提炼出的香油所醉倒。香油能通过嗅觉神经，刺激或平抚人类大脑边缘系统的神经细胞，对舒缓神经紧张和心理压力很有效果。

（6）大声尖叫

尖叫未尝不是一种减压的好方式。找个机会宣泄积聚多时甚或多年的郁气——如果你喜欢这种舒解紧张的方式，也可以天天做；如果你怕别人听到并且以为你情绪失控，就埋在枕头里尖叫，这样做可以让你释放出压力，脱胎换骨、焕然一新。

（7）走进大自然

利用节假日，和家人出去旅游，最好是到有山有水的地方，暂时把一切事都抛在脑后，亲近一下大自然，这样对于释放你的压力大有益处。如果你仍单身，可以与志趣相投的朋友共度休闲的时光，与朋友分享自己的快乐。

（8）闭目养神

当你在疲惫至极的时候，可以闭目养养神，想像自己在大海边，一排一排的海浪打过来，远处海鸥声声，白帆点点，海天交界处一片苍茫……所有的压力在瞬间就会消失殆尽。当然，你也可以在座位旁贴一两张漂亮的图画，或是能引起愉快思绪的照片。

（9）穿上“新感觉”

穿上一条平时心爱的旧裤子，再套一件宽松衫，你的心理压力不知不觉就会减轻。因为穿了很久的衣服会使人回忆起某一特定时刻的感受，并深深地沉浸在过去的美好时光中，人的情绪也会为之高涨起来。与此同时，当人们穿上自己认为非常“顺眼”的衣服时，自我感觉良好，就会重新鼓起面对现实的信心和勇气。

（10）运动放松

规律性运动可能是解除压力的最实际方法。做40分钟的运动，可以减少压力长达3个小时，若是相同时间的休息却只能让你轻松20分钟。同时，愈紧张，运动之后就愈愉悦。因此，现代都市女人都很热衷于瑜伽、SPA等能让心灵和身体都彻底放松的减压运动。

（11）减少回忆

从心理学角度来说，回忆是一种心理压力的来源。当然，回忆的滋味，因人而异、因景而异，不过当回忆袭上心头时，总是别有一番滋味，不论是辉煌的过去，还是灰暗的昔日，回忆都不会是一种美好的享受，是甜的已随岁月的流逝而变淡，是苦的更会由于翻老账而变涩。

（12）学会举重若轻

人到三十，工作上的压力通常表现为所担负的责任多了也重了，生活上的压力则表现为膝下儿女要操心的事越来越多，家中老人的健康问题也越来越多。专家建议，在这种情况下，女性应学会“举重若轻”，自己给自己减压。对自己的工作重任应以乐观的心理去对待，千万不要自己给自己增加压力。人们常说“工作是永远做不完的”，这话并非没有道理。实际上，时时刻刻都挂念着工作并非一种理性的负责任的态度。因为从客观上讲，人所能承受的压力毕竟是有一定限度的。因此，光敬业还不行，还应讲究如何在保持自己身心健康的情况下更好地敬业。此外，女性对儿女的事情要放得下，不要对孩子的一切加以干涉。

（13）以平和的态度接受现实

人生如果真是一帆风顺，那我们的生活必将缺少很多挑战和乐趣，那样才真叫没意思呢！但是，话虽如此，每当生活中出现变故时，我们还是忍不住会紧张，担心失败，担心结果不如我们预先的期望。俗语说“是福不是祸，是祸躲不过”虽说有些宿命论的色彩，但是却告诉了我们一个道理：对于无法预知结果、又不可能影响其发展的事情，我们与其战战兢兢、坐立不安，还不如保持平和的心态，安心地等待结果的到来。而对于那些生活中固有的推脱不了的责任，我们则应该抱着“既来之，则安之”的态度去应对，避免内心产生紧张、焦虑的情绪。比如，有的职业女性在忙于上班、照顾孩子的同时，还要照顾家里长期卧床不起的老人，这样的事一天两天可以，但要长期坚持下来，需要的就不仅仅是对老人的爱和孝心了。因此，只要时刻保持一个平和的心态泰然处之，就不会把自己弄得火烧火燎、精神紧张了。

（14）学会“诉苦”

在遇到压力、遭受挫折时寻求安慰，是人的一种本能。而找个人诉苦则是一种最直接、最有效的方式。当然，一定要选择好诉苦的对象。有那么几种人是绝对不能作为诉苦对象的，他们是：

跟你很熟但关系却疏远的人。你不知道他们听到你的诉苦后会怎么想、怎么做，也许人家对你的事压根儿就不关心呢。

性格粗枝大叶，不乐于听别人倒苦水的人。他们会对你的诉苦“不以为然”，甚至觉得你是在无病呻吟，从他们那里，你是无法得到安慰的。

人品欠佳、其心不善的人。他们对你的诉苦要么幸灾乐祸，要么到处向他人散播，就算意思意思地安慰你几句，也只不过是走走过场应应景儿，其实他们内心早已迫不及待地为你的遭遇欢欣鼓舞了，你又何必自找苦吃，跟自己过不去呢？

有两种人是较好的倾诉对象：

跟你走得很近，而且跟你惺惺相惜，会真心同情你的处境的人。他们会很认真地倾听，适时地安慰你几句，甚至给你一些中肯的建议；即使他们口才不好，无法说出太多有建设性的提议，他们也会怀着真诚静静地倾听，让你觉得很舒服。如果你可以找到这样的人诉苦，那真的是很幸福的事。

跟你很陌生，完全处在你的生活圈子以外的人。比如网络里的朋友，他们既不是你现实生活中的朋友，也不是你的同事，说白了，他们对你而言就是路人，但是他们有一颗友善的心，可以使你毫无压力地诉说心中的苦闷，还不必有一丝一毫的顾虑，所以现在很多人会选择这样的诉苦对象。

总之，有了压力就得找方法缓解，觉得紧张就要想办法轻松。不然，一旦我们的内心承受不住，可是会出问题的。

自己的情绪与心理变化其实自己最清楚。所以，三十岁的女人，定期全身心的放松，整理自己的心情，抛开压力，抛开无奈，抛开烦恼，抛开学习，抛开一切的一切，放纵自己一次，这不是很好的放松，减压的方式吗？

每个人都可以找一种方式来解脱自己，暂时放松自己。将自己的责任、义务、工作统统丢掉，变成单纯的孩子，给自己的心灵放假。生活在都市的人们，天天都在为自己打拼，每天都在繁忙中度过。也许有一部分人已经处于了亚健康的状态，所以我们一定要学会关爱自己，带着心灵去度假。

常常听到周围的人在说“赶时间”、“忙死了”、“没时间啊”等诸如此类的话，年复一年日复一日的匆匆忙忙、奔波劳累，跟时间较劲好像已成了现代都市人的人生速写。

多数人只会在固定的轨道上运行转动，忘掉了偶尔也可以停下来，歇歇腿，喘口气，看看周围的风景，触摸一下自己的心灵。在纷乱扰攘的世界中，人们大部分时间与精力，都投入在解决实际生活问题，终日奔波劳碌，很机械的随着急行的车流转，一日、一月之中，能有多少时分，会回想并注意到自己的心灵是否也该得到调整或休息一下了。

生活中，除了工作还是工作，即使应酬、吃饭、聚会，也皆是以工作为大前提而做的辅助性交际。每个人把自己这根弦绷得紧紧的，不允许自已稍微松懈，生怕一旦放慢脚步，就会被别人超过。于是，奋力向前，使自己时刻处在备战状态中，不知何时已成为了许多人的精神写照。

现代人太过于重视竞争，太过于要求成就，或许还太过于贪求金钱。常言道“有所得必有所失”，应该说健全的人生理想，是人性多方面的和谐发展，不光是名利、欲望、成就、地位，还有许多美好的事物待你发现、待你培植、待你享受。

三十岁女人，你是否可暂时停下匆忙的脚步，回望一下走过的路，给你的心灵放放假，让“它”也轻松一点，去听听音乐会，感受一下现场的艺术气氛，使疲惫的心灵在艺术的熏陶中得到养护；去跟旧日的好朋友聊聊天，抛开一切功利性的东西，带着真纯、带着友谊，约上一二知己坐下来，泡一杯茗茶，一边品味、一边无拘无束地东拉西扯，自是乐在其中；或者一个人安安静静地读一本书。朋友，你有多久没完整地看一本书了？当我们读一本小说时，常常不自觉地随着故事情节的起伏跌宕，人物命运的悲欢离合，步入故事的过程中，整个读书的过程中，自己仿佛过着另一种生活，或是有如亲眼看见别人的生活，从而由亲身参与及逼近的观察体会中，得到满足，同时，也开拓了自己的人生境界，吸收了作者的人生理念，丰富了自己的思想领域。而当我们由小说中回到现实，往往会有种度假归来的轻松愉悦，或是萌发一些生机，或是激起一些潜力。而这样的度假，花费既不大，获益却良多，最适合忙碌的现代人尤其是女人。

女人们，给自己的心灵放个假吧！静静地漫步在旷野里，周围是绿绿的草地，头顶上是纯净高远的蓝天，空气中充满着泥土的芬芳，随手从地上采撷一朵野花，嗅一下淡淡的清香，肺中被花香充满，心中被花香陶醉。烦恼压力瞬间消失得无影无踪，心灵，在广阔的天地中舒展，似乎与大自然融为一体。所以，三十岁的女人，当你抱怨生活无趣时，当你被工作压得喘不过气来，当你心灵疲惫不堪时，给心灵放个假吧，它也需要休息。

二　不要被完美主义所累

压力让心灵难以喘息，而追求完美则同样让心灵疲惫不堪。不少女人穷尽毕生精力追求完美，三十岁的女人更是要求万事俱备，但世界上绝对完美的事物是没有的，也没有一个绝对完美的女人，所谓完美，不过是一些虚幻的想像而已。因此，女人在面对自身不足时要泰然处之，多一份满足，多一份自信，才不会被完美主义的心态所累。

有些女人怀有完美主义的心态，她们在潜意识里一直不懈地追求完美，不停地苛责自己。比如，她们要求自己的言谈举止时刻保持高雅和优美，一到发言时就拼命克制自己的紧张，结果愈发紧张，形成恶性循环；她们要求自己把工作做到最好，可事实经常是把自己累得疲惫不堪，工作却未必如想像的那般好……

诚然，女人怀有完美主义的心态，追求尽善尽美，这无可厚非，也是可以理解的，但是，这种对完美的追求也会成为一个沉重的包袱，在现代社会的多方面压力下，它让完美主义者看到自己对现实的无能为力，从而变得急躁、自卑，甚至急功近利。

古语说得好，金无足赤，人无完人。世界上没有绝对完美的事物，也没有一个绝对完美的女人。所谓的完美，在很大程度上是虚幻。比如，就人的外表美来说，究竟高大为美还是纤巧为美？大眼睛美还是丹凤眼美？嘴大美还是嘴小美？丰满美还是苗条美？这见仁见智。

因此，三十岁的女人一定要卸下心头“完美”的负担，不要被完美主义的心态所累！

（1）人生不可能完美

对许多人来说，追求尽善尽美也是理所当然的，但是，人生绝不可能真正完美，一帆风顺，遇到挫折和处于低谷时，切不可自暴自弃，而应该学会换个角度看问题，正因为生活中有让你感到沮丧、绝望的问题，你才会付出更多努力，才更懂得珍惜所得到的。如果真的能够万事如意、心想事成，那你的生活还有什么激情，有什么幸福呢？

（2）目标要切合实际

每个人都有自己的人生目标，有些人把自己的人生目标定得太高，根本实现不了，于是终日抑郁寡欢，这实际上是自寻烦恼；有些人对自己所做的事情要求十全十美，有时近乎苛刻，常常因为小小的瑕疵而自责，结果受害者还是自己。

为了避免挫折感，应该给自己定一个“跳一跳，能够着”的目标，不要太在意别人对自己的评价，懂得欣赏自己已取得的成就，心情自然就会舒畅。

（3）不要要求别人也完美

完美主义心态不仅使完美主义者本人觉得痛苦，更糟糕的是这种心态也会影响周围的人。例如一位具有完美主义心态的领导，可能会对下属也有同样的高标准与期待，结果搞得办公室里大家整天紧张兮兮；或是有完美主义心态的父母对孩子有超乎常人的标准与要求，却使孩子有了自卑心理和自闭倾向；亦或具有完美主义心态的妻子，要求丈夫尽善尽美，既要能力超群，能适应公司CEO到管道修理工的所有工作，又要温柔体贴，照顾自己每时每刻的情绪变化，使丈夫常常觉得无所适从，怎样也不能令妻子满意，从而埋下双方矛盾的种子。

上司期望下属积极上进，妻子盼望丈夫飞黄腾达，父母希望儿女成龙成凤，这本是人之常情。然而，当对方不能满足自己的期望时，也不要大失所望。其实，每个人都有自己的道路，何必要求别人达到自己的标准呢？

（4）不要争第一

在生活待遇和享乐上，自己千万别去争第一，否则，只会令自己更加痛苦和不幸。俗话说：“人比人，气死人。”再者，每个人的能力也有大有小，千差万别。时时处处争第一的思想和行为是可怕的，也是十分愚蠢的，在某种程度上可能是一种自欺欺人的把戏。这样的思想多了，人就容易疲劳，烦恼就会没完没了，快乐和幸福也会离自己越来越远，那么你何时才能有好心情呢？

“尽心就是完美。”因此，你一定要正确处理好努力与争第一的辩证关系，及时缓解争第一的心理压力，自己只要尽心努力就够了，不一定非要时时去争第一。

（5）辩证看待完美主义

每个人或多或少都有一些完美主义倾向，其实并不需要太过担心。应该看到，完美主义者具有众多的优点，比如严格自律、意志坚定、仔细周到、组织性强，这些优点只要发挥得当，不要只重细节而忘了主要目标，完美主义者绝对是一个训练有素的出色的员工，应有足够的信心去面对工作上的各种压力。

上天是公平的，赋予你美貌就会把智慧更多地给予别人，赋予你智慧就会把更多的善良给别人，赋予你善良就会把更多的勇敢给别人……但是，正是因为不完美，我们才能享受生活中平凡的快乐。三十岁的女人，生活本身已经很累了，不要再自己给心灵加重负担，不要追求所谓的完美了。减轻心灵的负担，给心灵放个假吧！

当失败夹带着难言的苦涩涌上心头的时候，让我们给自己的心灵放个假。独坐在幽静的树林里，看随风起舞的枝叶，听小鸟欢快的歌唱，欣赏从头顶轻轻飘过的朵朵白云，聆听阵阵微风在耳畔轻轻吟唱。于是失败的阴影自然会被驱散得无影无踪，自信和坦然又回到你心中。

当胜利带来欢呼和赞誉向我们走来的时候，让我们给自己的心灵放个假。从成功中总结经验，在前进中寻找不足，静静地思考未来的路，勇敢地超越自己。不留恋眼前的辉煌，不让暂时的胜利缠住自己前进的步伐，和昨天的胜利说声再见，然后洒洒脱脱地继续明天的征途。

当苦闷携带着理不清的迷茫自天而降的时候，让我们给自己心灵放个假。找个平静的湖水清洗自己的心灵，静静地思考走过的路，认真地剖析自己，整理自己纷乱的思绪，不再陷入无休止的苦闷和烦恼之中去，重新找回属于自己的快乐和差距，去迎接新的挑战。

三十岁的女人，千万别忘记找时间给心灵减压，放下完美主义的心态，你会发现生活原来如此轻松！

三　驱除自卑，保持自信

自卑是对自我评价过低的一种消极心理。自卑感差不多人人都有，只是程度不同而已。自卑感主要有两种来源：一种来自于外在环境，主要是孩提时代的成长环境，而其中起主要作用的则是父母的态度；一种来自于自卑者自身的主观认识。

女人三十，家庭事业都已初见形状。但是人外有人，天外有天，外面的世界很精彩，各方面比自己好的人有很多很多：事业比自己做得好，人家都已经当上经理了，自己还是个主管；人家都开奥迪，自己还开奇瑞；人家的老公比自己的有钱、长得帅、体贴……诸如此类的比较实在数不清，比较的结果就是处处不如人，事事不如人，原有的自信在这些比较面前犹如一面镜子，很容易破碎。

值得关注的是，在现实生活中，常常是越优秀的人自卑的概率越大。从小在各方面表现较为优秀的人常常习惯于在后来的学习、生活、工作中高标准地要求自己，然而时过境迁，谁又能保证自己在离开了上一个舞台后仍能担当主角呢？普通人很容易就能接受这种改变，但头上一贯顶着光环的人要接受起这个来可就难了。

自卑使我们做事患得患失、缩手缩脚，无法发挥出我们的真实水平；使我们过分在乎旁人对我们的评价，越在关键的时刻越是表现得令人失望；使我们在人多的时候不敢大声说话，个性得不到张扬，能力得不到展示，创造力无从发挥；更为可怕的是，它使我们的各方面天性长期被压抑，从而精神抑郁、苦闷，无法体验到生活的乐趣，前程更是一片茫然，个中痛苦，是无法用言语尽述的。

自卑的人大概很少去思考自己为何自卑，但旁人在解读自卑者的生活经历时却可以很轻松地找到答案，这些答案能使我们在看清自卑的本来面目时得以慢慢远离自卑。

自卑，是人们对自身认识上的误区。人认识自己常常比认识别人要难得多，因为这要受他自己主观情感的影响，也就是所谓“当局者迷”。不要以为你对自己已经很了解了，事实上，人往往在经历了很多事之后才渐渐地认识自己。而从小自卑的人在长期的自卑心理的作用下要客观、全面地认识自己很困难。虽然自卑心理最初不一定来源于人们对自己的消极评价，但它一旦扎下根来，就会使人在看待有关自己的问题时偏离正常的尺度和角度。比如：不是经常在公众面前发言的人突然被要求在大庭广众之下发表言论，有些紧张乃至词不达意本属于正常现象，任何人都会这样，但自卑的人对自己这种表现的评价则是“我真没用”、“我的表现真令人失望”、“我始终还是不如别人”，这使他在下一次当众发言时表现得更不尽人意，从而又反过来强化了他的自卑心理。

摆脱自卑最关键的步骤，就是要认清自己。必须从心底里接受这样一个理念——我有很多优点，但我是一个普通人，我也有很多不如别人的地方。

接受自己不如别人的地方，但没有必要总把视线停留在这些方面；相反，要多注意自己的优点所在，并且不妨用这些优点为自己下定义，如：“我是一个有毅力的人。”这样坚持下去，你就有望很快摆脱自卑的困扰了。

自卑，是我们对自身现状的不满。对自身现状的不满，反映了我们对自己更高的要求。人们常常在脑海里为自己的事业、生活描绘一幅幅理想的蓝图，它使我们孜孜以求、不断进取，这本来是好事。但有的人对自己的要求总是超过自己的能力范围——要么不是自己的专长，要么超出自己的专业水平——拼命努力就是无法达到目的。这岂不是跟自己过不去吗？一连串失败的打击下来，再踌躇满志、激情澎湃的人也难免心灰意冷、沮丧失望了。

所以，我们在规划自己的人生事业时，要一切从实际出发，制定一个或一些自己通过努力可以达到的目标。有的目标自己通过数次努力仍然无法攻克，那就要考虑这个目标是否适合自己，有没有必要为它再费功夫，必要的时候可以将它放弃。要相信：只要我们保持一颗平常心，踏踏实实地工作，认认真真地生活，就一定会有属于我们的收获。

自卑，它的天敌是自信。克服自卑最直接的方法，就是找回自信。做"自信罐"的办法值得一试。找一个罐子，在里面放上很多纸条，每一个纸条上实事求是地写上自己的优点和成就以及曾在别人那里受到的夸赞，以后每取得一个成就或受到一次表扬也都用纸条记下来放在罐子里面，每当因受挫而灰心失望时，就将里面的纸条逐一取出来阅读。往往还没有读到一半，你的心已经平静下来，并完全陶醉在昔日取得成就或被夸赞的回忆之中，自信也不知不觉地回来了。

当然还有一些简单易行的方法，那就是多参加一些自己擅长的活动。如你喜欢下棋，那么在你每次被自卑感折磨的时候，不妨摆开棋局，厮杀一番。当然，尽量不要找比自己技高一筹的人。假如你在某一方面水平很糟糕，那么请千万不要在大庭广众之下表演这个项目。值得一提的是，如果是因为学习、工作不如别人而自卑，那么，只有通过努力学习提高自己的成绩和业务水平，才能真正地摆脱自卑，获得自信。

自卑，在友谊面前退却。人生活在社会中，对社会始终都有一种需要。所谓"在家靠父母，出门靠朋友"，当我们在面对各种挑战受挫时，我们首先想到的是从朋友那里得到安慰。所以，我们要用一颗真诚的心多交朋友、广结善缘，这样，在我们因失败而自卑、因自卑而伤感的时候，最起码不会孤独。另一方面，人天生需要来自他人的尊重和接纳，这是人的自信的来源之一。当我们被友情包围时，那种独特的温馨感觉不仅使自卑渐渐退却，更使自信慢慢重回到我们的身上。

自卑会被友谊打败，因为友谊本身就是别人对你的肯定，对你这个人及你一切的肯定。

女人可以长得不甚漂亮，女人可以地位不很高贵，女人可以生活不太富裕，女人可以学识不算渊博……但是，女人不能失去自信。因为，女人有充分的理由可以自信：我不漂亮但我健康；我不高贵但我快乐；我不富裕但我知足；我的学识不渊博但我一直没有放弃努力……

因此，请从现在起，努力培养自己的自信心吧，让自信的微笑时常挂在你的嘴角，相信无论何时何地，你都能表现出一种坚定而执著的向上精神，也都能焕发出一种别样的美丽。

培养自信心，保持自信的方法有很多种，只要我们从日常生活做起，自信就在我们身边。

（1）认清自己的优点

如果你固执地认为自己在身材和容貌方面一无是处的话，你可以为自己开列一份长长的清单，将你的优点和缺点详列其中。然后将这张单子贴在自己的脑海中，告诉自己：自己有的，别人未必有。比如，你有一头飘逸柔顺的长发，那么，别人婀娜的身姿、雪白的肌肤就不会再伤你的心了。

（2）不要为出身自卑

有些女人来自于较贫困的家庭，与所接触到的人或新的环境反差较大，容易产生自卑。然而，家庭无论是富裕还是贫困你都暂时无法改变，你能够改变的只有自己，只要你看到自己闪光的一面，并加以努力做出一些成绩，自信就会在你的身上展现出来。

（3）学会正视别人

一个人的眼神可以透露出许多有关他的信息。某人不正视你的时候，你会直觉地问自己："他想要隐藏什么？他怕什么？他会对我不利吗？"

不正视别人通常意味着：在你旁边我感到很自卑，我感到不如你，我怕你。躲避别人的眼神意味着：我有罪恶感，我做了或想到什么我不希望你知道的事，我怕一接触到你的眼神，你就会看穿我。这都是一些不好的信息。

正视别人等于告诉他：我很诚实，而且光明正大，毫不心虚，毫不怯懦！

（4）说话不要胆怯

语言能力是提高自信心的强化剂。一个女人如果能把自己的想法或愿望清晰明白地表达出来，那么她内心一定具有明确的目标和坚定的信心。同时充满信心的话语也会感染对方，吸引对方的注意力。

不过，女人大多生性羞怯、不善言辞，"在人前讲话、发言，那会使我心跳加快，脑中一片空白……"有人坦然承认自己的胆怯，而且对此颇为苦恼。

其实，说话胆怯是一种非常正常、极其普遍的情况，只是你没有注意到别人怯场的状态而已。从现在起，练习在大庭广众下自然、流畅地说话，当你怯场时，不妨把内心的变化毫不隐瞒地用言语表达出来。这样一来，不但可将内心的紧张情绪驱除殆尽，而且还能使人感动于你的真诚坦白。

（5）说肯定的话

有的女人在照镜子时，会忍不住产生某种幸福的感受。相反地，有些女人却被自卑感所困扰。

虽然肤色黝黑，可自信的女人会说："我的皮肤呈小麦色，几乎可以跟沙滩女郎的肤色相媲美。"可一个缺乏自信的女人却会因此沮丧不已：“唉，我的肤色这么黑，真讨厌。”由此可见，不同的语气可将同一件事实形容得有天壤之别，而且也会给人以不同的心理感受。肯定的语气能让人心情愉快，而否定的语气则让人产生自卑和沮丧感。

可以说，语气措词是任何天才都无法比拟的魔术师。只要经常使用肯定的措词或叙述法，就可以将同一个事实完全改变，使人驱除自卑感，相信自己不失为迷人的女人。

（6）切莫好高骛远

心智发育成熟的人，会把精力放在自己能够做到的事情上，当事情顺利完成后，便会大大增强自己的自信心。而那些心智发育不成熟的人往往好高骛远，从而迷失了此时此地自己应该做的事，最终一事无成，徒生挫折感和自卑感。

所以，与其好高骛远，不如找出现在可以做的事，然后加以实行，一步一步地达到目标，这样会使人产生信心，从而带给人实现最终目标的动力。总之，要试着记下马上可以做的事，然后加以实践，没有必要非是伟大的、不平凡的行动，只要是自己能力所及的事就足够了。

驱除自卑，保持自信，对三十岁的女人来说是非常重要的。拥有自信心的女人，不一定闭月羞花，甚至可能相貌平平，但是那份从骨子里透出来的自信，却总能让她表现出一副胸有成竹的样子。她的自信心可以让敌对者气馁，可以让朋友深深依赖，可以让家人感到安全和舒适，可以在职场上一马当先，一往直前。

四　拔掉嫉妒的“毒刺”

为什么她能有如此完美的身材？为什么她能随心所欲地穿任何一件衣服？为什么她嫁了个好老公？为什么对面的同事总是能得到老板的夸奖？为什么当年大学的好友现在都比我挣得多……

从身材到容貌，从工作到家庭，从老公到孩子……很多女人都是如此，总是把自己的目光集中在别的女人身上，与她们进行着无休止的比较，然后便产生强烈的嫉妒心。哪个三十岁的女人敢说自己没有一点嫉妒心呢？

嫉妒，其实是心态不平衡的表现。有嫉妒之心的女人，往往比较自负，看不起别人。而当别人取得一些成绩时，她的心理便会失去平衡，总要千方百计地给那些优于自己的人制造种种麻烦和障碍：或打小报告，无中生有，惟恐天下不乱；或做“扩音器”，把一件小小的事情闹得满城风雨；或丧失理智，做出伤人、杀人等极端行为来。古往今来，因嫉妒导致的令人扼腕叹息的悲剧绵延不绝。难怪莎士比亚发出感叹：“妒忌，你使天使也变成了魔鬼。”

另一方面，嫉妒者也不是一个胜利者，因为她长久处于所愿不遂的嫉妒情绪煎熬中，不仅使自己停止不前，还使自己的身心健康受到严重影响。医学家已证实，当妒火中烧却得不到及时、适宜的发泄时，内分泌系统会功能失调，导致心血管或神经系统功能紊乱，久而久之会导致器官功能和免疫力下降。

可以说，嫉妒就如同女人心底里隐藏的一根毒刺，一旦开始发育，它便会使女人疯狂起来，不但毁了别人，也毁了自己。那么，具有嫉妒心态的女人应该如何拔掉心里的这根毒刺呢？

（1）定位合适

有些女人对自己某方面的要求比较高，但是，在现实中往往达不到理想的高度，如对成绩的希望、才能的希望、长相的希望等，当理想的自我与现实的自我之间产生了较大的差距时，不平衡自然就产生了。因此，克服嫉妒心态的第一条就是定位合适。

（2）认清自身优势

把你的优点都列出来，写出你的特长，写出朋友、同事以及你身边的人喜欢你哪些方面，把你的优点归纳在一起，这样你就会明白自己的优势所在。这一做法叫“自我完善系统”，它可以使你增强自信心、克服自卑感。

在这一基础上，你不妨将你所嫉妒的人做一个全面深刻的分析，了解被妒者为自己的成功和幸福所做出的种种努力和牺牲。这样你的嫉妒心理、恼怒情绪就会减少，心理就会平衡。

（3）不要攀比

有些女人明明囊中不丰，却偏偏爱攀比富邻：同事买了名牌衣服，她要紧步后尘；朋友家更新家具电器，她要迎头赶上……生活困难，她可以勒紧裤带；积蓄不够，她可以四处借债。不管人怎样受罪，只要面子上好看就行。

常言道：“人比人，气死人。”每个人的情况不同，不要盲目与别人攀比，否则，不仅会让自己的生活陷入窘境，还会让自己产生“恨人有，笑人无”的嫉妒心理。

（4）以快乐治嫉妒

快乐的心药可以治疗嫉妒，是说要善于从生活中寻找快乐，就像嫉妒者随时随处为自己寻找痛苦一样。如果一个女人总是想：比起别人可能得到的欢乐来，我的那一点快乐算得了什么呢？那么她就会永远陷于痛苦，陷于嫉妒之中。快乐是一种情绪，嫉妒也是一种情绪。何种情绪心理占据主导地位，就要靠自己来调整。

（5）用自我安慰平衡心理

自我安慰又称酸葡萄或甜柠檬心理。酸葡萄心理出自《伊索寓言》，是说饥饿的狐狸因吃不到树上的葡萄，便说葡萄是酸的，吃不得，以此安慰自己。它是人们得不到某物或不及某物而贬低该物的做法。如有的人因自己相貌一般，便自我安慰说："漂亮有什么用，又不能提高业绩。"但是如果这种酸葡萄心理走向极端，那就是嫉妒了。甜柠檬心理与酸葡萄心理恰恰相反，它是对自己原本不满的事物大加赞赏的做法。如进入一家普通的公司，却大说特说其好处。

自我安慰法看似消极、愚蠢，甚至可笑，像鲁迅笔下的阿Q，但是，它可以在心理不安、苦恼时进行心理自卫，以求得心理的平衡，从而消除嫉妒滋长的温床。

（6）虚荣心要不得

尽管人们都懂得，虚荣是表面的荣誉、虚假的荣名，但很少有人能够不为虚荣所动。在日常生活中，一个羡慕的眼神会使人神舒心悦，一句大而无当的恭维会使人眉开眼笑，一句言过其实的赞誉会使人沾沾自喜，一个毫无实质意义的头衔会使人引以为荣……许多虚荣心强的人在得不到虚荣的甘霖滋润时，便会想方设法谋取虚荣：有的人每有客来便要出示他与名人的合影；有的人常常津津乐道他曾与某显要共进晚餐；有的人总爱不厌其烦地向别人介绍他的富亲贵戚……

但是，培根却发出这样的忠告："虚荣心强的人，最易妒忌。"虚荣心是一种扭曲了的自尊心。自尊心追求的是真实的荣誉，而虚荣心追求的是虚假的荣誉。对于嫉妒心理来说，它要的是面子，不愿意别人超过自己，以贬低别人来抬高自己。这是一种虚荣，一种空虚心理的需要，所以，虚荣心要不得。

（7）用进取心面对一切

看到他人有比自己强的地方，应该真诚地为他人高兴，同时暗下决心努力赶超，或虚心向他人学习，而不是攻击诽谤，逞一时之快。这是心理健康的标志，也是品德高尚的表现。因此，最为明智的办法在于，以别人的长处激励自己，通过学习，取得自己的成就赶上或超过比自己强的人，这比起在阴暗的角落悄悄算计别人，祈祷别人早一天跌入低谷总要来得高尚得多吧。

（8）谦虚待人

天生我才必有用，人都会有一定的长处，也会有他自己存在的价值。不仅如此，在你周围的任何一个人，只要你真诚地对待他，他就有可能变成你的朋友，并且在将来的某一天向你伸出援手。如果朋友之间、同事之间互相拆台、互相算计，那么结果一定是两败俱伤，谁也不会有更大的发展和进步。团结和睦、共同进退的环境与孤芳自赏是格格不入的。谦虚一点儿，把自己看低一点儿，你将会赢得周围人的尊重和接纳，得到的也必然会更多。通常，在志同道合的人之间，感情融洽或友谊深厚的人之间，很少有嫉妒现象，而是相互鼓励，共享成功的快乐。只有在关系不正常或相互敌视的状态下，人与人之间才会嫉妒或幸灾乐祸。

（9）宽容对待别人的嫉妒

自己光明正大地做事，却遭到来自周围的嫉妒，在这种时候，最要紧的是“不怕”。别人越是嫉妒，越是反衬了你的成功，从某一方面来讲，这是值得骄傲的事情，有什么好在意的呢？但若是因为某人对你心存嫉妒而刻意与对方保持距离，甚至与对方为敌，又会使人觉得你心胸狭窄、不可一世，甚至更遭人嫉恨。所以，正确的做法是，虽然心中对来自四面八方的嫉妒不以为意，但却要友善地对待嫉妒者，使对方明白，你的成功是自己努力的结果，并非通过什么不正当的手段，所以问心无愧，也心安理得。如果对方确实是那种品格低下、容不得别人比他好的人，那么不妨敬而远之，省得被他暗算了还蒙在鼓里。

嫉妒，是傻女人喜欢做的事，聪明的女人不嫉妒——既不嫉妒别人的妖娆，也不嫉妒别人的亮丽，更不会嫉妒别人的富有，因为她们理智，因为她们清醒，更因为她们踏实，她们过着自己有滋有味的小日子，她们脚踏实地地做着自己应做的事，就在别的女人因嫉妒而怒火中烧之时，她们早已悄然上路，从从容容地朝着既定目标前进了。所以，如果心中有嫉妒这根毒刺，那就拔掉吧，三十岁女人的心灵，应该用平和来充实，用快乐来装扮，用积极向上来鼓舞！

五　保持心态平和

三十岁的女人，在如战场的职场上拼搏，在繁忙的家庭生活中奋斗，在这身不由己的竞争背后，是否始终在心灵的角落放了几分平和？平和是一种成熟的心态，又是一种可贵的处世态度，心态平和，反映了远大的志向、坚定的信心、豁达的性格和超脱的人生态度。“胜固可喜，败亦欣然”，“不以物喜，不以己悲”。而有些人则不然，胜了，趾高气扬，欣欣然，飘飘然；败了，垂头丧气，愤愤然，戚戚然。

心态平和，心平则气顺，气顺则力达，力达则功成。反之，心态不平，易于失衡，急躁、浮躁、甚至狂躁，脾气暴躁，刚愎自用，或者彷徨疑虑，踌躇不前，两者都无以成事。这是日常工作、生活中的大忌。

辛弃疾诗云：“江头未是风波恶，别有人间行路难。”人间万事万物自有其客观规律性，人们只有认识和掌握了客观规律，并按客观规律办事，“行路”才能逐步由艰难到小难，由难到易，取得主动，赢得自由。而要做到这点，首先需要的是心态平和。

但是，心态平和不是平庸，浑浑噩噩，庸庸碌碌，营营苟苟。平和是一种理想的心理状态，是一种自我控制。恰如著名作家萧伯纳所言：“自我控制是最强者的本能。”平和的心态，是健康健全的心态，是健康的重要组成部分，是成功人生、幸福人生的保证。

正如一位作家所说：“谁会不爱一个平和的心灵，一个心胸宽阔、不愠不火的生命？”一个人如果有了平和的心态，就能平静地对待生活中的一切；就会看一切都赏心悦目，听一切都如闻仙乐，想一切都心旷神怡；就会遇什么都左右逢源，做什么都得心应手，干什么都事半功倍；也不会斤斤计较个人得失，拼命在乎个人荣辱，紧紧抱住个人恩怨；就会站得更高，看得更远，想得更透；就会洞若观火，静观其变，变中取胜；就会像智人一样无名，像神人一样无功，像圣人一样无己。

然而，在这个追求速度与效率的现代社会，三十岁的女人一天到晚就像陀螺一样转个不停，心灵的安宁渐渐被浮躁和物欲扰乱，心态的失衡使她们看什么都不顺眼，见什么都生气，听什么都发脾气，想什么都烦心，若到极处，甚至可能铤而走险。

心态平和能够化解浮躁暴戾之气，远远超过了权势、财富、名利的意义。因此，在浮躁不安的现实中，女人如果想从容而淡定地做最美丽的女人，就应该让自己的心态始终平和如镜。

（1）把原始还给心灵

每当繁星满天的时候，也是人感悟生命、修养心灵的最佳时刻。仰望浩瀚的宇宙和无边的静夜，你会强烈感受到平和、安静的力量。斗转星移，月圆月亏，一切宇宙的玄机与奥妙都归于平静，而在这无限的平静中，又蓬勃生发着多么神奇的力量啊！让我们汲取着夜的精深与睿智，来滋养心灵的平和、安静。

（2）让心灵宁静

在繁忙的工作中，在红尘的喧嚣中，你可以偶尔丢开一切，给自己放一天假，静下心听听音乐，练练书法绘画……借以疗养身心；你也可以什么都不做，只是静静地坐在窗前悠然遐想，让自己的心灵达到“宁静而致远”的境界。

当然，要一个忙得不可开交的人忽然放下所有的事情，的确很不容易，但每个人都需要有段安静的时间。现实生活竞争激烈，如果不留些时间给自己，将会使自己愈加紧张、烦燥，也会影响到他人的工作和生活。

（3）插上想像的翅膀

通过想像，训练思维“遨游”，如“蓝天白云下，我坐在平坦的绿茵上”，“我舒适地泡在浴缸里，听着优美的轻音乐”，我来到一条小溪边，泉水叮咚，溪边的野花美丽而芬芳，一只蝴蝶穿梭在花间，远处小鸟在歌唱，我的心随风飘荡。让自己得到短时间的精神小憩，你会放下心中的烦躁，顿感安详、宁静与平和。

（4）和缓地运动

过于剧烈的运动会造成大量流汗，流失大量体液，心情也易烦躁不安。选择和缓的运动，保持呼吸平稳、从容不迫，身体内极细微的血管或经络才有机会得到足够养分。比如打太极拳，练气功、瑜珈等都是不错的静心运动。

（5）无欲则刚

有私，就有欲。而有欲，就难以平衡心理、平和心态，就难免勾心斗角、争名夺利。而有“我”，就无“他”。无“他”，就会只替自己打算，不为别人着想；就会私欲膨胀，为所欲为。但如果无私无我，其情形就会大不相同。无私，则无欲，而无欲则刚，无欲则强；心底无私天地宽，胸中无欲心态平。而无“我”，则有他，就能胸怀开阔，顾全大局；就能容纳万物，逍遥自乐。一句话，心中无私，胸中无我，才能心态平和。

（6）平和中进取

生活中的你不可能不受到非议、误解、侮辱，甚至有人在背后搞你的鬼，给你小鞋穿。此时的你，决不能“一言之杵，则勃然而怒；一事之违，便急然而发”。而应该善于自我控制，学会忍耐，就像俄耳浦斯那样，拨弄心灵的竖琴，奏出平静安详的音乐。不用多久，你就会发现自己的心态已趋于平和。当然，这种平和绝不是软弱、怯懦，在平和的人看来，用成功所带来的巨大震撼力和教育作用来还击庸人才是最有力的武器。所谓“大怯似勇，大勇似怯”是也。

（7）宠辱不惊

因为忘了“宠”，就会平静地对待“喜”：连连受奖也不会喜形于色，连续获胜也不会得意忘形，连升三级也不会忘乎所以。忘了“辱”，就会正确对待“忧”：连连受挫也不会彷徨徘徊，接连失败也不会痛哭流涕；连贬三级也不会痛不欲生。而忘了“宠辱”，就无所谓“喜”与“忧”：就不会为喜事不断而高兴，为忧事连连而悲哀；就不会为接连成功而失态，为连续失败而趴下；就不会为虚荣所左右，为失利而忧心。

（8）兴趣广泛益处多

没有广泛的兴趣，生活单调，与那些有着一两项令人羡慕的兴趣爱好的人相比，心中往往平添几分嫉妒。正如王蒙所说，人生要多几个“世界”，多几分兴趣，兴趣不但能分散注意力，还能给心灵增加营养。因此，想要拥有平和的心态，你应该试着培养广泛的兴趣：可以选择阅读开阔眼界，用他人的文字来净化自己的心灵；也可以多欣赏音乐，试着让每一个音符都走进你的灵魂，让珠玑般的韵律落入你的心中，让你的灵魂真正经受洗礼。

（9）平和不等于放弃追求

心态平和，不是放弃信念，放弃追求。没有信念，是庸人的平静，是俗人的平庸；没有追求，是懒汉的平淡，是懦夫的平和，是无为的表现，是无用的别名。心态平和是志存高远，是信念坚定，是有为有用。如此，才能真正心态平和，干出一番事业，创出辉煌人生。

平和的心态就是不急不躁，就是宠辱不惊，是历经磨难后的微笑，是饱经沧桑后的海阔天空，是飞黄腾达时的回归原始，是万人瞩目时的平静笑容。有了平和，女人疲惫的心灵会减去很多沉重，增添几分轻松、几分愉悦、几分自信、几分美丽；有了平和，在寒冷的日子里，生命会尝试着打击春天的音符；有了平和，女人会整理好生命的船帆，为下一轮的远行做好准备。所以，三十岁的女人，当你心灵沉重、疲惫、烦躁时，想办法找回遗失的平和心态吧！

六　赶走抑郁

工作、生活，甚至刚刚生完宝宝后的忙乱，都有可能让三十岁的女人患上抑郁症。抑郁症是女性的“头号杀手”。女性的心理相对于男性来说一般比较细腻，但正是这种细腻让各种不愉快的心情在女性心理堆积，甚至会变质。随着生活节奏的加快，竞争加剧，女性的各种压力也越来越大，而三十岁的女性正是事业家庭的关键期，如果不及时将各种不良的情绪驱散，抑郁离你就不远了。

抑郁以心情显著而持久的低落为表现，严重的会伴有相应的思维行为改变，进而形成抑郁症。

诊断抑郁症并不困难，但是病人的表现并不典型，核心的抑郁症状，往往隐藏于其他心理和躯体的症状中，含而不露，因而容易导致医生误诊、失治，甚至酿成严重后果。

你有过下列情绪或心理吗?

（1）人逢喜事而精神不爽。经常因为一些小事甚至无端地感到苦闷，愁眉不展。

（2）对以往的爱好，甚至是嗜好，以及日常活动失去兴趣，整天无精打采。

（3）生活变得懒散，不修边幅，随遇而安，不思进取。

（4）长期失眠，尤其以早醒为特征，持续数周甚至数月。

（5）思维反应变得迟钝，遇事难以决断。

（6）总是感到自卑，经常自责，对过去总是悔恨，对未来失去自信。

（7）善感多疑，总是怀疑自己有大病，虽然不断进行各种检查，但仍难释其疑。

（8）记忆力下降，常丢三落四。

（9）脾气变坏，急躁易怒，注意力难以集中。

（10）经常莫名其妙地感到心慌，惴惴不安。

（11）经常厌食、恶心、腹胀、腹泻，或出现胃痛等症状，但是检查时又无明显的器质性改变。

（12）有的病人无明显原因的食欲不振，体重下降。

（13）经常感到疲劳，精力不足，做事力不从心。

（14）精神淡漠，对周围一切都难发生兴趣，也不愿意说话，更不想做事。

（15）自感头痛、腰痛、全身痛，而又查不出器质性的病因。

（16）社交活动明显减少，不愿与亲友来往，甚至闭门索居。

（17）对性生活失去兴趣。

（18）常常不由自主地感到空虚，自己觉得没有生存的价值和意义。

（19）常想到与死亡有关的话题。

以上19条，假若有一条特别严重，或数条同时出现，就很可能是抑郁症发作的征兆，一定要提高警惕。

抑郁症是一种危害很大的心理情绪。能导致患者丧失工作、学习能力，抑郁症患者有一半以上有自杀想法，其中20%最终以自杀结束生命。

抑郁的情绪有时是难以避免的，毕竟一个人的一生不可能一帆风顺，人在遭遇挫折时很容易就会产生不愉快、难过、怀疑自己、情绪低落等等各种抑郁情绪，但只要我们想办法把抑郁赶走，那我们就会看见灿烂的太阳。

（1）学会倾诉

当自己的情绪无法摆脱抑郁时，应该找人诉说，找朋友、找家人，不要碍于面子不敢把自己的脆弱展示给别人，让别人拉你一把一切就将海阔天空。当然，最好的方法是找一位心理咨询师，将你的抑郁你的烦恼全倒给他，当你的烦恼随泪水夺眶而出的时候，烦恼、抑郁都将烟消云散，阳光已经照进你阴郁你的心中。

（2）悠闲假期

将工作、竞争甚至爱情全都放下来，给自己一个悠闲假期。旅游是放松心情的一个好办法。自然风光会接纳消融我们的任何烦恼，阳光对人的情绪会有明显的效果，光疗是对付抑郁的一个不错方法。经常在阳光下散步，沐浴着温暖明亮的阳光，会令你感觉生活也随之明媚起来。运动如游泳、打球、跑步等，都会在劳顿肉体的时候松弛心情，当汗水流了一头一脸一身的时候，抑郁就被狠狠排解了。

（3）听音乐

在你感觉情绪低落、精神紧张的时候，听一些欢快、舒缓、明朗、振奋的音乐会很有帮助。把心完全沉浸在充满阳光的音乐中，思绪随之轻颖起舞，哪里还有烦恼和抑郁？

（4）性爱

性爱从生理和心理上都可以缓解抑郁。愉快的性爱过程，可以刺激内分泌腺分泌释放有利于身体健康的激素，与另一个人肉体上的接触抚摩，在心理上可以带来温暖安全幸福感。而性高潮，更是将人带入并推向人生愉悦极点的最佳办法。一次满意的性生活，对身心就是一次良好的调节和整合。其实，不一定有性行为，情侣间依偎中的亲密和安全感，也能够帮助缓解抑郁情绪。

（5）运用色彩

因为抑郁者的心情本来就很低落，他们看世界的眼光已经带有阴暗的色彩，这时无论是穿戴、化妆，还是生活环境的设计，能够主动接近和运用一些温暖积极的色彩，就可以起到调节情绪的作用。黑色、灰色、蓝色、青色，甚至白色这样的颜色，不宜过多使用，因为这些颜色会让情绪更低落。在服饰、房间色彩上选用一些愉快温暖的色彩，如粉红、橙色、粉黄、金色等等，可以从外环境上调动积极的情绪。

（6）食物疗法

人体内的血清素五羟色胺可以帮助人稳定情绪，消除压力和紧张情绪。五羟色胺是氨基酸的一种，多吃富含氨基酸的食品有助于稳定情绪，对抗抑郁。鱼、虾、海参、螺类、奶制品、豆制品、坚果以及菌类都不错。包括鱿鱼、鲜贝、黑鱼、银鱼、小黄花鱼、泥鳅、鳗鱼、红皮鸡蛋、松花蛋、黑木耳、花生、葵花子、南瓜子仁、杏仁、榛子、干竹笋、黄花菜、百合、山药等。

血清素也有助于镇定情绪，解除焦虑。有的食物有促进血清素分泌的功能，多吃这样的食物有助于缓解抑郁情绪。

深海鱼。世界各地住在海边的人都比较快乐，不仅是因为大海让人神清气爽，还因为他们把鱼当作主食。鱼油中的Q3脂肪酸，与常用的抗忧郁药如碳酸锂有类似作用，能让人体分泌更多血清素。

香蕉。香蕉含有一种称为生物硷的物质。生物硷可以振奋精神和提高信心，同时，香蕉还是色胺酸和维生素B6的来源，这些都可以帮助大脑制造血清素。

全麦面包。面包和点心因为含有大量碳水化合物而成为抗忧郁食物。但是吃点心容易摄入过多热量，所以吃复合性的碳水化合物食物，如全麦面包等更合乎健康原则。

菠菜。研究人员发现，缺乏叶酸会导致脑中的血清素减少，在5个月后会出现无法入睡、健忘、焦虑等症状。几乎所有的绿色蔬菜和水果都含有叶酸，其中，菠菜的含量最多。

大蒜。德国科学家从一项针对大蒜对胆固醇的功效研究中发现，病人吃了大蒜制剂后，不容易感觉疲倦和焦虑，并且不容易发怒。

南瓜。南瓜之所以和好心情有关，是因为它富含维生素B6和铁，这两种营养素都能帮助身体所储存的血糖转变成葡萄糖，而葡萄糖正是脑部惟一的“燃料”。

低脂牛奶。温热的牛奶向来就有镇静、缓和情绪的作用。尤其对经期女性特别有效，能帮她们减少紧张、暴躁和焦虑的情绪。

鸡肉。当我们体内缺乏维生素B12时，就会出现贫血、食欲不振及记忆力减退等问题。而鸡肉富含维生素B12。

所以当你晚上睡不好，白天总感觉疲惫时，那就多吃点鸡肉吧。

抑郁，遮盖了生活中的阳光，赶走抑郁，让我们的生活春光明媚，这应该是我们生活的目标，也是我们生活的动力。三十岁的女人，你的生活中还有抑郁吗？那就赶快想办法把它赶走吧！因为生活需要的是阳光和快乐！

七　保持积极的心态

三十岁，不知经历了大大小小多少挫折与失败，遇到了多少困难与问题，那么，三十岁的女人请自我检查一下，看积极的心态还在你的身上吗?

一个人活在世上，不在于拥有多少金钱和权势，不在于拥有多少声望和荣耀，而在于是否拥有一个好的心态。拥有好的心态，就拥有了快乐，拥有了创造辉煌人生的钥匙！快乐隐藏在琐碎生活的每一个细节中，它不是财富，不是权势，而是一颗积极向上的健康心灵。

但是生活中总有些挫折会让我们措手不及，对此我们可以哭泣着放弃，也可以微笑着面对。聪明的女人会选择后者，她们总是运用积极的心态去面对挫折。挫折只能让她们变得更优秀，更强大！

积极的心态是成功的催化剂，它能给人以温暖和力量，使人充满进取精神，充满冲劲和抱负。即使遭遇困难，也能让人以愉悦和创造性的态度走出困境，迎向光明。

相反，消极的心态则会使人变得萎缩、阴郁、懒惰，使人无法面对一个个人生挫折，挑不起生活的重担，只能自甘沉沦，被挫折击垮。

正如戴尔·卡耐基所说：“积极的心态就是心灵的健康和营养，能吸引财富、成功、快乐和健康；消极的心态却是心灵的疾病和垃圾，不仅排斥财富、成功、快乐和健康，甚至会夺走生活中已有的一切。”

心态决定命运。因此，女人，尤其是处于困境中的女人，要想突破生活和命运的樊篱，必须设法调整自己的心态，以一种积极向上的心态去面对人生，迎接挑战，并积极打破一切烦恼、忧虑的屏障。

学会从积极的方面看待人与事。任何事物都有两个方面，如果你要让自己的心态变得积极起来，首先就要学会从积极的方面看待事物。尤其是当你因愿望没有实现而苦恼，又无法改变现状时，不妨换一个角度去看问题，以消除因愿望没有实现而产生的消极心态。

用积极的态度对待人与事。态度决定一切，如果你的态度消极，你就会去做消极的事，习惯性地去发现事物的缺点，对什么事都抱着怀疑的态度。这种态度的后果就是你看待事物越来越没有信心，越发消极自卑。多从表扬、称赞的角度对待事与人，你就会习惯于发现事物积极的一面，你就会学会积极的思维模式。

要与心态积极的人交往。“近朱者赤，近墨者黑”，人往往在不知不觉中受到别人的影响。因此，你在择友上必须慎重，最好远离那些心态消极的人，多交一些有干劲、乐观爽朗、处事练达的朋友，使自己常处在积极的氛围中。

同时，在与朋友的交往中，要学会适当而真诚地赞美对方，这不仅有利于生活的幸福和事业的成功，还有利于创造出一种和谐的气氛。

多看积极向上进取的书。平时多看一些成功励志方面的书，或看一些名人的成长史，他们的经历会激励你，并使你找到培养积极心态的良策。比如，虽然爱迪生只接受过3个月的正规教育，但他却是最伟大的发明家；虽然海伦·凯勒失去了视觉、听觉和说话能力，但她却鼓舞了无数人。

珍惜已经拥有的。在日常生活中，持有消极心态的人常常对生活充满抱怨。人们常常不去珍惜身边所拥有的，而当失去时，才又悔恨不已。拿破仑·希尔认为，如果你常流泪，你就看不见星光。对生活中一切美好的东西，我们要心存感激，那样人生就会显得美好许多。

逆境中勇进。即使你处境不利，遇事不顺，也不要消极地认为什么事都是不可能的，更不要躲起来，使自己变得更懦弱，而应该秉持“我能行，我能成功！”的必胜信念去尝试，去克服，突破重围，砥砺出积极的心态。

淡化消极的情绪。当你感到情绪消极时，不妨把注意力转向其他事物，以淡化或忘记紧张、焦虑的情绪。如心情不佳、忧愁郁闷或发怒时，最好去大自然中散散步，饱览广阔无垠的大地，或听听轻松愉快的音乐，或去看看喜剧电影、幽默漫画，或与人聊聊天，参加一些公益活动；或去逛逛街，买件自己喜欢的小玩意儿等等，均可以在一定程度上排遣内心的消极与不快。

改变习惯用语。要培养积极的心态，你还需改变你的习惯用语，比如：不要说“我真累坏了”，而要说“忙了一天，现在心情真轻松”；不要说“他们怎么不想想办法？”而要说“我知道我将怎么办”；不要说“为什么偏偏找上我？”而要说“上帝，考验我吧！”经常使用这一类自我激发性的语句，并使之融入自己的内心深处，时间长了就会形成习惯，从而保持积极的心态，抑制消极情绪，形成强大的前进动力。

每个人的心态都有两面，一面是积极心态，一面消极心态，积极的心态会产生快乐，消极的心态会导致痛苦。三十岁的女人，要想拥有快乐就需要积极的心态！同时，也要去除那些消极的心态，这样，心灵才会时刻保持活力，才会在将来的困难面前更强壮有力！

八　让心灵回家

家，是一个多么温暖、多么让人心动的字眼，它总让人想起灯下慈母的身影，想起房间里弥漫的温馨，想起老房子上淡淡的炊烟，想起合家围坐喝茶的融洽与祥和。心灵，也需要回家。外面的世界虽然有太多的精彩，有太多的诱惑，却也包含了太多的无奈与辛酸，或许心灵已负担太多，早已无法承载：这里的春天为谁绚烂多彩？事业已如日中天，怎敢懈怠？怎敢在此驻足？繁多的应酬怎能推掉？这可能是压在三十岁女人心头的。一块无法扔掉的石头。那么，让心灵回家吧！在那里你才能找到一直寻觅的慰藉！人生最大的幸福是放得下，是的，放得下！心灵有时很小，现实中找不到世外桃源，心灵更无法寻到世外桃源。

那首《我想有个家》曾经传唱中国的大江南北——“我想有个家，一个不需要多大的地方，当我疲倦的时候，我会想到它；我想有个家，一个不需要华丽的地方，在我受惊吓的时候，我才不会害怕……”歌词写得非常好，但是，仿佛只有无家可归的人，才能真正读懂它的深意。有家的人，常常固执地要证明自己的独立、自己的坚强，因此有意无意地忽略家的存在，忽略家中亲人对他的牵挂；只有当自己被诸多的挫折搞得狼狈不堪、心力交瘁的时候，才又怀念起家的温暖。

在家人面前，我们真的有必要那么要强吗？有的。孩子只有长大了，足够坚强了，父母才可以不用总为他担心，才可以安享晚年，所以，身为子女，快点儿长大，快点儿独立，也算是一种孝道。但是，这有个前提，

就是你必须保证自己不受伤害，保证自己可以照顾好自己。否则，当你带着满身的伤口回家时，父母心中的那种难言的痛，恐怕足以缩短他们好几年的寿命。

当你无法独自应对生活中的挫折和难题时，不妨回到父母身边，向他们倾吐心中的苦闷，告诉他们你的遭遇、你的困境。父母一定会不顾一切，像保护雏鹰的老鹰一样，展开双翼，再保护你一次。说到底，孩子是父母的心头肉，给他们添点儿麻烦，让他们操点心，总好过因你受苦受难而让他们伤心呀！而且，你的生命是父母给的，真的不可以不负责任地任由它受到伤害！

让心灵回家，可以使心灵得到更多的温暖，那样你就会很快鼓起生活下去、努力奋斗的勇气和信心。在家人的安慰和鼓励下，你会变得更加坚强；因为有家，你也有了十足的对抗挫折的底气。家让你知道，你并不是孤身一人，无论你走到哪里，家总会在那个固定的地方为你敞开大门，这样，至少你的心永远不会孤独。

家是心灵停泊的港湾。让心灵回家，让一路的灯火为你照亮夜归的路，让心在那盏为你而点的孤灯下温暖无限。

朋友也是一盏灯，友谊也如照亮心灵的灯光。当我们用友谊抚慰那颗受伤的心时，不也是很温暖的吗?

春天，友谊如春雨后盛开的鲜花，娇艳美丽，构成春天里最美丽的图画。

炎炎夏日，友谊便似一杯清新透凉的绿茶，滋润着你我干渴的喉咙。

秋风瑟瑟，友谊就如随风而落的树叶，构成了金秋时节一道亮丽的风景线。

寒冬腊月，友谊就是一朵朵迎雪而立的梅花，绽放开来，温暖着你我的心田。

友谊是心中深深的眷恋，友谊是跟友人相连的一根琴弦，缠绵不断，渊源流长，谱写出一首首幽长而又耐人寻味的高歌。

分别，带来的是无尽的思念，然而它却使友情升华。深深的眷恋、日日的思念化作一句句真诚的祝福带到了远方，带给了远处的你。

在心灵的深处，彼此相互祝福，友谊时时刻刻温暖着我们的心田。真情诚可贵，友情价更高。有着这份情谊滋润着我们的岁月，那么我们的冬天将不再是严寒，我们受伤的心灵将得到抚慰……

真正的友谊是不含有妒忌心理的，当我们取得某方面的成就时，朋友会由衷的赞赏和欣赏我们的成功。因为妒忌不仅会伤害朋友，还会使自己失去朋友。在朋友需要帮助时，我们就要尽心尽力地为朋友排除烦恼，克服心理障碍，如果是学习上的帮助，我们就应该把它看成是责任、义务，决不能轻视别人，也不能生怕别人超过自己。朋友之间应该互相学习，互相帮助，共同提高。倾诉心声是表达友谊的一种方式，把我们的快乐、烦恼告诉朋友，一个人的快乐就变成几个人的快乐，一个烦恼就剩下半个烦恼。

有位哲人这样评价友谊："得不到友谊的人将是终生可怜的孤独者，没有友情的社会，只是一片繁华的沙漠。"可见，友谊在人生道路上起着重要作用，希望大家都珍惜自己身边的友谊。

女人三十岁，在外面的世界闯荡与打拼中已经历了太多的辛酸，心灵有时真的很疲倦，很想找个地方停一停，歇一歇。那么，让心灵回家吧！家永远是避风港，家里的温暖与宁静可以让我们的心灵获得重新启航的力量，让我们在新的征程中勇往直前。友谊也是心灵停泊的港湾，朋友的倾听、鼓励、赞赏、支持都是我们抚平创伤的良药，是我们前进的动力。

让心灵回家，让心灵回归原始的纯真与快乐，亦是一种放松心灵，减轻心灵负担的方式。

女人拥有了快乐，就能享受生活的绚丽多彩；女人拥有了快乐，就能永葆青春与健康；女人拥有了快乐，就能给人带来轻松愉悦。

然而，环顾身边的女人，漂亮能干的不少，却鲜有真正快乐的，烦恼、苦闷和忧郁写在她们的脸上，“郁闷”也是她们口中经常出现的词。

“生活中的烦心事真是不少，不说工作的压力、岗位的竞争、职位的高低，光家里的事，就够我们女人忙活的了，还怎么能快乐得起来呢？”可能不止一个女人说过诸如此类的话。

其实，在你身边有许许多多快乐：温馨的家庭使人快乐，富有挑战性的工作使人快乐……只要你撇开世事的枷锁，你便可以发现快乐，重拾快乐；只要你能用一颗毫无功利的纯净之心去感受，快乐就会像雾像云又像风一样，时刻萦绕在你的身边。

（1）用幽默传递快乐

快乐的女人，应该是有些幽默感的女人，这样的女人能有效地传递出心中的喜悦，并感染到邻里、同事、朋友，使大家都沉浸在快乐之中。所以，我们要培养幽默的气质。比如换个角度说些新颖、轻松的话，多学会几则幽默、笑话。这些都能让我们成为一个给人带来快乐的开心大使，还可以让你的人生充满乐趣。

（2）用微笑传达快乐

如果你把自己打扮得很漂亮，不妨给自己一个微笑；如果你做成了一件事，不妨给自己一个微笑。当习惯了给自己笑容，你就能够轻松地给别人微笑，就能将快乐牢牢地锁于心田，就能拥有最乐观、最积极的人生。

（3）对生活微笑

生活就是这样，你给了它微笑，它也会回赠你一份明媚的心情。因此，当被阴云笼罩时，你不要忧伤，更不要垂头丧气，因为越是在负面的情绪里走不出来，就越笑不出来。而要多想想事情阳光的一面，多想点高兴的事，让自己笑起来，也许困难就会在灵光一闪的时候轻松解决。何苦为已经发生的事烦恼呢？

（4）简单生活就是快乐

许多哲人忠告人们：“简单生活能够使人幸福和快乐。”随意的生活能够让人幸福和快乐，而过于追求自己难以达到的所谓高标准的生活，往往会让自己痛苦不堪。

因此，女人绝对不要去追求那种复杂的、不切实际的生活，那只会给你带来更多的压力和苦恼。学会随意、简单地生活，那么，你就能够随时感觉到人生的幸福和快乐。

比如当你忙完了家务，细心体贴的丈夫为你端过一杯热茶，清新的茶香、悠扬的乐曲萦绕飘荡，孩子趴在你的怀里，望着窗外的阳光、小鸟，目光里透露出快乐与惊奇，咿咿呀呀地对你诉说着，你会感到生活是那么充实，那么温馨而又幸福，不是吗？

（5）改变坏心情

当扫兴、生气、苦闷和悲哀的事情降临时，可以去散散步、打打球、游游泳；或者吃一颗糖，吃一块点心，让甜甜的味道弥漫在你发苦的嘴里。再不行，干脆倒头睡一觉，等一觉醒来，也许会发现，事情并没有你想像得那么糟，你的坏心情也就能得到大大改善。

良好的心态需要慢慢调整，快乐需要自己去寻找，去发现。当让快乐充满整个身心的时候，你的那颗曾经疲惫的心是否有回家的感觉呢？

第四章　经营：三十岁女人需要把握的爱情与婚姻的秘诀

女人三十岁了，在感情生活方面无非有两种情况：一是结束了单身生活走进了婚姻的殿堂；另一种是还在苦苦追寻属于自己的真爱，等待爱神的眷顾。但是不论哪种情况，处在哪种状态，爱情和婚姻都需要经营，都需要我们用心去真诚面对，用真情去付出，用巧妙的技巧和生活的艺术去处理可能会发生的种种问题。自己的幸福快乐自立自主。

婚姻是一门艺术也是一门技术，不仅需要永久“保鲜”才能充满激情、活力与乐趣，还要我们女人用我们灵活的头脑和智慧的双眼去消灭那些可能发芽的杂草，从而经营好我们的婚姻。三十岁女人的爱情更是需要用心，用真情去经营，一分耕耘一分收获。只要我们小心避开爱情的“沼泽地”，我们一定会收获沉甸甸的爱情。

一 爱情需要反思

30岁的女人，经历过尘世间的风雨沧桑，对于生命、爱情、男人和自己，都有了新的感悟。爱情不再是她生活的全部内容。无论在事业上、人际关系上或者在两性交往中，她们都可以更加从容地展示自己，如鱼得水、尽在掌握、淋漓酣畅。而这样的态度本身就是一种让年轻女孩嫉妒、让所有男人心动的资本。这样的性感女人更加立体，而立体的女人会让爱情更加甜蜜。

（1）三十岁女人的爱情态度

爱情是思想的碰撞，灵魂的结合，心与心的交流。

如果有一天，有那么一个人对你产生了一些影响，使你张开眼就想到他，闭上眼就看到他；你看书时，他在书里；你看电影时，他是男主角；你加薪时，希望他陪你一起笑；你失意时，希望他安慰你；你得意时，希望他分享你的荣耀；你为了与他的约会而沐浴更衣；为了他的喜好而培养兴趣；长发为他留，短发为他剪；一想到他，就忍不住要嘴角微翘；嘴巴一张，话里都是他；有了他，你就是全世界最快乐的人；有了他，全世界变得可爱而明艳亮丽；有了他，人人都说你变了。显然的，你恋爱了。

恋爱，一提起它，给人的印象都是美好的、柔和的、甜蜜的、温暖的；是花前月下，卿卿我我；是夕阳下，晚风中，两人手牵手、肩并肩；是你中有我，我中有你，你侬我侬；是只羡鸳鸯不羡仙……每个人都向往着走上爱的道路，期待着爱神的箭射向自己。

少女时代往往对恋爱抱着满怀的憧憬，恋爱让人觉得神秘、新鲜，然而我们日夜盼望着的白马王子，似乎在现实生活里难以找到他们的影子。只有在梦里才那么逼真，在电影里才那么生动。无可否认的，太多的女人把恋爱美化了。事实上，恋爱只是生活的一部分，只是身边多了一个人，而把生活变得更复杂罢了。没谈恋爱时，我们要工作、念书、做家务事、吃饭睡觉，有了恋爱，我们仍然要如此。也许有人会问：这么一来，恋爱岂不是平淡无奇而毫无吸引力了？事实也不尽然，恋爱能把生活点缀得更充实、更美好。被爱的幸福，恋爱时在情感方面的体验和感受，都是人生至高的享受。

但是在现实的爱情经历中，部分三十岁女人却遭遇爱情无能症。这些遭遇在某种程度上是爱情与现实的冲撞，或许亦是上天对女人爱情的考验。只要我们心中仍存爱情，仍相信爱情，这些遭遇会让三十岁女人的爱情更加丰富与厚重。

症状一：爱情失语症

在面临爱情来临的时候，有人欣喜，有人羞怯，但是也有人觉得恐惧。突如其来的爱能给一个三十岁的女人带来些什么？

李琳因为已年近三十仍没有男朋友而急坏了家人。亲戚朋友到处给安排相亲，但是每次都以失败告终，而且大部分是男方有意，但是李琳拒不接受对方的任何邀请和约会。大家都认为她的要求过高，于是见面的人选的条件也逐步提高，但是仍没有任何进展。时间一长，李琳对相亲变得极为反感，甚至对相亲对象的电话表现出十分的惧怕，她认为这样的相亲严重干扰了自己正常的生活：

“我好像在爱情方面是个哑巴，不愿意也不喜欢和男人沟通。我现在已经三十岁了，还是个老处女，任何一个男人和我在一起会以为我有毛病，我很害怕这一点。而且自己一个人生活也习惯了，不愿意打破一直以来的这种状态。我没有谈过恋爱，也不知道这样的事有多美好，现在也不抱多大的希望了，反而觉得如果生活里多出一个人很别扭。”

分析：由于长时间的自我封闭而无法接受爱情，最重要的是惧怕别人的无法理解而患了爱情的失语症，这种恐惧使爱情丧失了语言能力，无法面对爱情。

症状二：爱情怀疑症

有一些人渴望爱情却又不相信自己有能力拥有，但是也有一些人对爱情完全失去了信心，特别是在经历过太多的恋爱打击之后。

张娴是一个十分迷人温柔的三十岁的白领，风情万种却不给任何男人机会，惹得周围的单身男士各个如热锅上的蚂蚁，虽频频示爱却得不到一点希望。张娴对所有男人的礼物、邀请全都来者不拒，但是决不和任何一个人有半点暧昧。她总是以自己是个独身主义者而高高在上，其实她对爱情是彻底失望的：“我谈过四次恋爱，但是全都朝不保夕，如果有半点成功我也会相信这世上有真正的爱情。

“第一次是柏拉图式的，太小不懂，但是他却喜欢上了我朋友；第二次纯粹是被玩弄了，和他谈了那么久，最后以两人的家庭地位相差太悬殊为由死活不和我结婚，分了；第三次遇到了一个只谈性不谈爱的男人，不可能长久；最后在对爱情没什么要求的情况下找了一个很有钱的男人，准备嫁给他，结果他是个靠老婆发迹的人，不可能抛弃老婆和我结婚。现在我只相信所有的爱情都朝不保夕，其实这世界上所谓的爱情是不存在的，什么白头偕老，什么海枯石烂，只有在理想化的文艺作品里才能找到。”

分析：由于多次失败的恋爱而完全失去了对爱情的信心，对所有男人失去了信任，不再对爱情抱任何幻想，除非遇到奇迹，否则不会再相信爱情。

症状三：爱情遭遇现实

王静已经和男友交往将近八年，两个人的感情十分契合，甚至不用说话也能知晓彼此的心理活动。双方的家长也都很满意，但是两人却迟迟不能提结婚的事，一提就吵得不可开交，很多朋友也劝王静快些稳定结婚，眼看要突破三十岁大关了，也该稳定下来了。但是最近，王静却和男友分道扬镳了，这令大家十分诧异，本来很契合的一对怎么会就这样分了？但是王静认为和男友不会有未来："我很爱他，他也很爱我，但是现实生活光有爱情是不够的。爱情不是面包，也不能当饭吃，我越接近三十岁脑子越清楚，谁不想稳定，但是和他在一起我不可能有稳定的生活。他已经是三十多岁的人了，仍不知道要做什么事，经常换工作，哪一个也做不长久，还没有确定人生的目标。和这样的人怎么能有未来，结婚以后有很多现实问题要解决，以他的工资，我们不可能买房，连房子都没有保障还结什么婚，难道要我们住到父母那里去？而且两个人每月的收入加在一起都满足不了我们的基本生活，结婚只能是雪上加霜而已。两个连自己都养活不了的人还是分手比较明智，这样对双方都好。

分析：现实让婚姻对爱情说，靠边站。在现实的女人眼里，婚姻和爱情是不可能等同的，爱情是虚无的，抓不到，摸不着，既然不能填饱现实世界的欲望，那就说再见吧！

症状四：事业阻挡爱情

事业心太重是很多感情的杀手，特别是爱情。压力可以来自家庭，可以来自社会，但是如果来自自己，那就很头疼了。

罗华已到而立之年，是一家知名服装企业的老总，多年的打拼使她在业内十分受尊敬。但是她的感情生活却一直空白，很多朋友有意介绍都被拒绝了，原因是她实在没有时间约会，她对此也有自己的一番理论："其实每一个人的人生目标是不同的，我的目标是让自己的公司成为世界知名的服装企业。现在离这样一个目标还相差太远，我全部的精力都投在了事业上，实在是没有恋爱的资格，也没有被别人爱的资格。人总是要舍弃一些才能得到更多，我舍弃的是爱情，为了自己更远大的目标我觉的是值得的。而且也不是所有的女人都需要爱情才能生存，我从毕业就开始不停地努力成为女强人，现在的状态并不比那些谈恋爱的女人差。而且大家都说恋爱中的女人智商会变低，我可不能有半点差池，商场不容有半点马虎。我有一个做股票的朋友就是因为新近交了个男朋友，弄错了好几笔买卖了，这损失有点太大了。我可能一辈子都和爱情无缘了，但是我得到了我要的，这就足够了。”

分析：事业对爱情说“走开”，这是很多女强人的想法。现实是什么？是事业，是压力，是社会，还是自己的心？许多成熟女性认为爱情给人留下的只有空虚，而事业却是付出必有回报。人生精力有限，宁愿追求一些实在的东西。

三十岁已不是初恋的年代，满怀憧憬但已没有了幻想。三十岁已不是二十岁的花季年龄，只要我们对爱情仍有信心，那肯定会收获圆满的爱情。

（2）爱情与面包的困惑

按照辩证法讲，矛盾无处不在、无时不有。爱情与面包有时就是一对矛盾，因为我们都是凡人，不是不食人间烟火的仙女，不用考虑吃饭问题，房子问题，生活问题，需要我们去面对、去考虑的现实问题很多很多。

没有钱，我们能爱多久？每每想到这些总会让三十岁女人的心绪不能平静。

在现实社会中，一些所谓的榜样，时时地提醒着穷人的尴尬，仿佛他们是可耻的，卑微而渺小。就连爱情，好像这个时期的他们也不配拥有。在很多女人的爱情里，金钱是一个沉重的砝码。在竞争中，钱代表着男人的事业、自信和很多无形的东西；女人时常会以男人投入金钱的多寡来量化他对自己的感情。

有人说这是一个金钱推动的社会，是人们追求金钱的欲望以及拥有了金钱的虚荣使它永远向前。又有人说，男人征服天下的目的是为了最终得到女人，女人则以得到男人而得到天下。

一个三十岁的女人说，10年前或许她会认为爱情是一个人生命中最重要的，而今天她认为金钱是最重要的，为什么会这样？她以一个过来的人身份诉说着“贫贱夫妻百事哀”。没有钱的日子，揭不开锅；没有钱的日子，饿肚子；没有钱的日子，看到吃的东西就想抢。小偷不是天生的小偷，强盗不是天生的强盗。为什么会这样？如果人人都是有钱人，谁还会整天缩在公交车上当三只手。谁想做一个坏人，谁不想做一个让人尊敬的好人，谁不想帮别人一把呢？可是我们没有钱。谁来帮我们呢？于是在种种的因素下，人开始变质，从内到外都开始变质，包括爱情。

虽说“贫贱夫妻百事哀”，但真正“贫贱”到揭不开锅、衣食无着境地的夫妻又有几个？事实上，我们身边绝大多数的夫妻是“平凡夫妻”而非“贫贱夫妻”。在世界上有很多小的城市，人们平静而相爱地生活着，不需要很多的钱，可是，却拥有不尽的爱。

当你有钱的时候，你还会和你亲爱的老公或是老婆一起煮东西吃吗？老公整天在外面忙着应酬，老婆呢？坐在洋房里，陪在身边的只有那个保姆兼厨子兼陪伴，想和人说说话的时候，只有那个保姆；和你一起去买菜的那个人，也不再是你那个亲爱的老公，而是那个保姆。生活对于你来讲，就只是这样的吗？这样的生活，你还会觉得有意思吗？

一个女人要的是什么？不是住得多好，吃得多好，用得多好，而是一个家，一个可靠的肩膀。有些人结了婚，没有多少钱，但是依旧乐在其中，平平淡淡地过着日子。人这一辈子最重要的是什么？不是你吃得多好，穿得有多好，住得有多好，而是你的心能不能平衡爱情与面包。

金钱，生不带来，死不带去；而享有一次真正没有缺憾的生命，是我们的尊严，同时也是我们对自己和对他人的一种尊重。

人心是一杆秤，只要我们在爱情与面包的困惑中把秤平衡好，把我们的心态调整到最佳状态，那我们完全可以享受爱情带给我们的美妙生活。

二　三十岁女人的恋爱宝典

没有谁规定在爱情中要由男人主动，女人也可以的。一个女人最大的成功乐趣大概就是获得一份称心如意的爱情。智慧的女人早就知道，如果没有适当的主动精神，美丽的爱情很可能会错过。身为女人想要爱情成功，就要永远记住，爱情不是一场被动等待的悲喜剧，而是互相吸引和追逐。当男人无法沉稳地操控局势时，狩猎爱情的主动权就掌握在女人手中了。

在爱情的寻寻觅觅中，有的人总是很难觅到意中人。徒然浪费了许多青春和精力。选择意中人，是谈情说爱的第一步。但就是有许多女人在这第一步上不敢迈开步子，总是原地踏步，因而，“还没碰上合适的”，也是这些女人使用频率最高的一句话。

选择意中人，虽无定规，但提高效率，少走弯路的经验还是有一些的。对于女人尤其重要的是不能等待爱情的降临，这是对自己最不负责的表现了。

俗话说：男追女，隔座山；女追男，隔层纱。但这薄薄的一层纱，对于相对矜持的女孩来说，捅破的难度丝毫不亚于翻过一座山。女孩若想让自己心仪的男孩拜倒在自己的石榴裙下，还是需要花一定心思。

（1）把握机会

现代社会提倡男女平等，女孩若碰到喜欢的小伙子，同样应该大胆追求，切莫错过良机。

比如在电梯中你有机会与同一个印象挺好的人多次相遇，或是上班的路上几次碰到同一个人，你可以主动与他搭话，尽管你们的交谈十分简单，但有了第一次的交谈，说不定你就迈出了恋爱的第一步。所以当你发现一个自己喜欢的小伙子时，你必须悄悄地接近他，然后设法与之搭讪：

“请帮个忙好吗？”

诸如此类的话，你不必在乎有没有意义，不妨都大胆地讲出来。话题本身是引子，目的是进一步与他结识。

（2）巧妙暗示

也许你不太适应主动和一位陌生的男人交往，这时你可以采用另外一种形式，就是以巧妙的方法暗示对方。如果对方领会了你的意思，他一定会主动同你交谈的。

例如，给对方一个神秘微笑、一副害羞的表情，都会引起异性的注意。如果他领会了你的用意，就会主动过来接近你，这样你就成功了。

（3）打消顾虑，大胆追求

有的人还没开始就想“如果被拒绝了，那该怎么办”、“如果他很冷淡，那多掉价”。这些顾虑只能使你心神焦虑不安，并且使你失去一次又一次机会。

你很想和一个自己喜欢的男人约会，却总是拿起电话不敢拨号。实际上，只要你勇敢地拨一次电话，事情就可能完全解决了，你也就从此挣脱了那种焦急如焚的心境。即使对方态度冷漠也没有什么大不了。事实上，一般男孩对这种敢于主动追他的女孩子都不会给以难堪，反而会心里美滋滋的。

如果没有适当的主动，美丽的爱情绝对不会凭空发生，坐等爱情从天而降无异于守株待兔。三十岁的女人们，你们还在等待吗？

女人在追求爱情的路上也可以主动，抓住机会、打消顾虑，大胆地向男人表达自己的情意。不过，女人在胆大的同时，也要做到心细，判断对方对你是否有好感。

如何判断对方是否喜欢你？只要把你和对方之间的各种信息集合起来加以整理，看其中是否存在一些超出一般同事或朋友的特别之处，就可以判断你是不是已初步进驻他的心房。一般来说，这些特别之处表现在以下若干方面。

关心琐事。你的学习、生活、工作情况、兴趣、爱好，他都表现出非常浓厚的兴趣，经常询问，极为关心。这种关心甚至表现为极为琐碎的小事上，你新理了发或化了淡妆、新穿一件衣服，他都会加以点评或夸赞。你过去在某种场合下说的某句话，你本人都忘记了，他却还记得。更不用说，在你生病、情绪不好时，他会忙前忙后，比谁都关心你。

关心你的社会关系及往事。一般人交往，对对方的家庭、籍贯、过去的生活经历也会偶尔问及，但都是礼貌性的聊天或介绍性的。如果是喜欢你的异性，会经常提及这些话题，而且听得认真、问得仔细，甚至包括你的性格特点、工作情况都会问及，对你过去的生活经历不管有无意义都会不厌其烦地了解。

找机会接近你。有事没事，总爱粘着你，即使是参加集体活动时，也总要占据最靠近你的位置，唱歌第一个邀你对唱，跳舞时会主动坐在你身边。

向他的亲友、同事、同学介绍你，把你带入他的生活圈子，明显让你感到他在自己的生活圈子中推出你，让你与他的朋友、同学认识，这表明他对你已很特别了。

有求必应。你要求他帮助办点事，他从不推辞，就是费九牛二虎之力也要办成，除非实在是无力办到的事。为你办事他不但热情有加，而且感到特别高兴。一旦没办成，极为懊丧，总是不断地检讨自己。

总找借口接近。他似乎事特别多，这也找你，那也找你，明显不用你帮忙的事，也要烦你一下。实际上，没有哪一件真算一件事，只是多了一次说话或在一起的机会而已。

当我们确信对方有意后，我们应该多给男人献殷勤的机会，因为当男人喜欢上一个女人，他期待取悦对方，并因期待而兴奋不已。一旦感受到完全的满足，他就不再有追逐的乐趣。如果能够保持适当的距离，不仅能使他更兴致盎然，还给他继续追逐的机会。

女人因为期待对方能带来更多的快乐而兴奋，她就毫无保留地付出；男人则因感受到他将掳获女人的芳心而兴奋，她的快乐代表他的成功，她的满足就是他的快乐。

男女约会时，女人常犯一个错误就是不断付出。她们不明白，“接受”才能更添自己的魅力。当男方开车到女方家接她赴约，她打扮得美丽动人，男方诉说着浪漫的赞美之词，女方要欣然接受。他陪她走到车右方，打开车门，让她入座。等她坐定，他关上车门，她微笑称谢，然后他走到车另侧开门入座。这时，她会怎么做？她会越过驾驶座帮他开车门，还是让他自己开？

当这位女人不懂得保持一定的距离让男人来献殷勤，她一定会翻身过去帮他开车门。虽然这看似体贴，但是以男人的心态来看，等于是剥夺了男人追求取悦的机会。这样的付出会令他期待的乐趣落空。

许多女人没有想到，约会的目的应该是让男人表现他的关心，女人接受男人的付出应该心安理得。

如果需要女方翻身替男方开车门，男方就无须多此一举先陪女方到另一边的车门下车。男方之所以这么做是为了表现绅士风度，讨好女方，所以女方应该让他表现，而且高雅地接受他的殷勤。她欣然地坐在座位上，对他的体贴心存感激，这样会使彼此的吸引力更为强烈。

所以，女人主动不是错，但有时还需要巧妙地保持“被动”，给男人主动的机会，实际这也是在与男人保持适当的距离。

距离之所以产生美，主要是因为距离能产生神秘感，神秘感会产生吸引力。

它在整个爱情过程，乃至婚姻生活中，都起着一种特殊促进和至关重要的心理作用。男女间的神秘感激起两性间的好奇，在这种好奇心的驱使下，两者要求接触并且相互探索，在接触、探索过程中，如果彼此欣赏、富有吸引力，就会产生好感。在好感的基础上，由对方神秘性产生吸引力，通过进一步的了解，若相互发现许多发光的东西，那么爱情就会加深。如果异性间没有对这种神秘感的探索，两人的吸引力便无从产生，也就根本谈不上爱情。

虽然爱情过程是一个相互了解的过程，双方能彼此认识、了解，应该是值得庆幸的，但是若了解得过于透彻，甚至一些不需了解的也知道了，以致彼此的神秘感消失，则对爱情没有好处。切记，每一个女人都应该有一个个人的世界，应该有自己一方神秘的、不为任何人所知的天地。这样，恋人间才能保持吸引力，才能保持一种神秘感。这种神秘感不是固定不变的，其内容一边不断地被男方所探究、所发现，变为不神秘的东西，一边不断地被新的内容所充实、替换。而这种神秘感内容的更新，需要靠每个女人不断地用知识、智慧来充实。一些徒有漂亮外表，而没有丰富的内在修养的人，往往只能使人在感官上取悦一时。一旦与她们相处久了，会因其知识贫乏，思想没有深度，缺乏神秘感，便很快失去吸引力。所以，在恋爱过程中，除了加强自身的各方面修养外，还要注意不要过快、过于充分地将自己全部暴露，包括才能、特长、经历以及肉体等等，要学会细水长流，这才是恋爱的诀窍所在。

如果爱你的人正是你所爱的人时，那是一种幸福。但是，假如爱你的人并不是你的意中人，你就不会感觉被爱是一种幸福了。你可能会产生反感甚至是痛苦，这份你并不需要的爱事实上成了你的精神负担。

怎样对爱你的人说出你不爱他，并在不伤害对方的情况下，让他接受这个事实呢?

拒绝求爱的方法有多种，比如可以用书信，可以口头交谈，也可以委托别人。但不管用什么样的方法，一定要做到恰到好处。

（1）直言相告

你若已有意中人，又遇求爱者，那么就直接明确地告诉对方，你已有所爱之人，请他另选别人，而且一定要表明你很爱自己的恋人。但此时切忌向求爱者炫耀自己恋人的优点、长处，以免伤害对方的自尊心。

（2）婉言谢绝

倘若你不喜欢求爱者，根本没有与其建立爱情的基础，可以在尊重对方的基础上，婉言谢绝。对于自尊心较强的男性，适合用委婉、间接的拒绝方式。因为有这类心理的人，往往是克服了极大的心理障碍，鼓足勇气才表述出自己的感情。一旦遇到断然的拒绝，很容易受伤害甚至痛不欲生，或者采取极端的手段以平衡自己的感情创伤。因此，拒绝他们的爱，态度一定要真诚，言语也要十分小心。你可以告诉他你的感受，让他明白你只把他当朋友、当同事或者当兄妹看待，你希望你们的关系能保持在这一层面上，你不愿意伤害他，也不会对别人说出你们的秘密。

你不妨说：“你是个很好的人，我很尊重你，我们能永远当朋友吗？”

如果他没有直接示爱，只是用言行含蓄地暗示他们的感情，那么你也可以采取同样的办法，用暗含拒绝的语言、用适当的冷淡或疏远来让他明白你的心思。

要记住，拒绝别人千万不要直接攻击对方的缺点或弱点。不能以一种“对方不如自己”的优越感来拒绝对方。特别是一些条件优越的女人，更不能认为别人求爱是“癞蛤蟆想吃天鹅肉”，一推了之或不屑一顾，态度生硬，让人难以接受。

（3）冷淡加果断

如求爱者是那种道德败坏或违法乱纪的人，你的态度一定要果断。拒绝时要语气冷淡，对这类人也没有必要斥责，只需寥寥数语，表明态度即可；而且措辞要坚持，不使对方产生“尚有余地”的想法。

对嫉妒心理极强的人，态度不必太委婉，可以明确地告诉他，你不爱他，你和他没有可能，这样可以防止他猜忌别人。如果你另有所爱，最好不让他知道，否则可能加剧他的妒恨心理，甚至被激怒而采取极瑞的报复行为。

爱情需要经营，女人在爱情的角色里也可以扮演主动，但是不能盲无目的，应该确信对方也有意，那样才有发展的可能。女人在给男人机会的同时，也应该保持适当的距离和神秘感，这样才会使爱情常鲜。

三　让逝去的爱随风

当曾经刻骨铭心的爱成为往事，我们年轻的脚步又如何能够做到从容而又决绝！但其实细想：万物都有生命，爱情亦难逃脱。所谓的海枯石烂，只是一个遥不可及的承诺，能让这份感情保持到彼此生命的结束就不错了。

每一个爱情都会累，这不是悲观者的话，而是乐观者的洞明事理：如果聪明乐观，就会明白，世上没有永远的爱情保证班，考坏了还可以重来。

当爱远走，无论它是发生在自己或者对方身上，放弃和放手都是唯一的出路。因为无法放弃曾经有过的美好感觉，无法放下曾经拥有的执著，就会让更多这些感觉压在自己的肩上、心上；让自己和对方一起在痛苦中煎熬，何况能否惩罚对方还是一个未知数，但是自己绝对是被惩罚最深的一个，因为你剥夺了自己重新开始享受快乐和幸福的可能。

舍得放手让爱远走，很多时候并不是一件很难的事，只不过是周围的舆论环境、财产的划分等等可能拴住了你。但是，这却是唯一的方法。否则，我们就会处在无解的痛苦、气愤和沮丧之中。

所谓舍得放手的艺术，并不单只在爱情消逝的时候存在。事实上，当爱情还在的时候，就懂得放手的智慧，往往是更积极的治本的方法。

尽管关系再亲密，我们也需要拥有自己的空间。无论是亲子关系、家人关系、朋友关系等都是如此，爱情关系当然也不例外。如果失去了这样的空间，我们很快就会觉得被束缚，觉得窒息，觉得痛苦。

舍得放手，给爱以空间，就像一位著名作家曾说的："在你们的密切结合之中保留些空间吧，好让天堂的风在你们之间舞蹈。彼此相爱，却不要使爱成为枷锁，让它就像在你们俩灵魂之间自由流动的海水。"

有一个词叫"全身进退"。大概意思是指人不论在什么情况下，都能在付出的时候全心全意地投入进去，在离开的时候毫无牵挂地抽身而去。但是在真正的生活里有几个人能做到？

现实的情况是，我们往往在付出的时候不够彻底，总是有这样那样的顾虑，担心别人的看法，担心自己的眼光，担心现实里的矛盾，甚至是担心一个无足轻重的细节的完美度。时间一分一秒过去了，百分百的热情似乎总没有像内心期待的那样出现过，它们都被消耗在了各种各样的顾虑里。所以到了最后，我们只能矜持地微笑，节制地用情，吝惜地计算。

同时，我们也往往在离开的时候不能潇洒地掉头就走，而是一顾三叹，余情未了，在决定离开的第一秒钟里就开始痛恨或后悔。甚至是在以为自己早已全身而退的时候，却在一个似曾相识的地方和时刻里不可阻挡地想起那个人，而后觉得像被杀伤性武器击中，弄得泪流满面，心碎难当。

有人说爱的反面其实不是恨，而是淡漠。这真是一句真理。爱一个人的时候，情感都是激越的。他关心你，你便想以十倍百倍的爱去关心他；他拥抱你，你便想以更多更有力的拥抱去回应他；哪怕是他犯了什么错有了什么失误，让你对他恨得咬牙切齿时，你会想用尽全力去揍他、掐他、打他；反正无论如何，都绝不是无动于衷地不理他。

除非是爱到殚精竭虑，爱到心灰意冷，爱到彻底绝望，心中已经不再有灿烂的火花，甚至连那些燃烧过后的草灰也没有了一点温度。这种时候，想不淡漠都难。从此对你形同陌路，对你的一切也不再有任何的回应。没有余恨，没有深情，更没有心思和气力再作哪怕多一点的纠缠，所有剩下的，都只是无谓。有一天当发现对于过去的一切你都不再在乎，都无所谓的时候，这段爱肯定也就消失了。

只有舍得放弃，才能拥有新的开始，只有舍得放弃，才能让自己不会活得太累。

分手不免伤痛，但分手也未尝不是一种美丽。分手时，要舍得放手。放手，是对自己的一种信任。当你相信自己无所恐惧、所向披靡的时候，你将能放手一切！

然而，不少女人却无法以一种自信洒脱的姿态放手，她们往往采取了一些蹩脚的招术，试图留住爱情的脚步，殊不知这样做会起到相反的作用。

（1）哭闹

伤身伤心伤容颜，何苦来呢？耗费了自己的宝贵精力，到最后会在你和他的朋友圈里，留下一个怨妇形象。

（2）报复心理

你花心，我也多情。你瞎搞，我滥交。不变成残花败柳誓不罢休。其实你这样是在伤害谁呢？无非是再一次伤害自己罢了。何必呢？用糟蹋自己的方法报复别人是最愚蠢的行为。没人爱你的时候，你要学会好好地爱自己、珍惜自己！

（2）暴力

你就是让他从这个地球上消失了，伤害亦是伤害，不会随肉体一同蒸发。反而令你越发丑陋，塑造出一个简单粗暴的自己。

（4）败坏他的名声

就算你对他有再多的怨恨，也不要使出这样不堪的手段。绝口不提他的隐私他的软肋，是你的人格高尚之处。

（5）和新欢动武

一听到男友或丈夫与其他女人有染，当即杀气腾腾和“狐狸精”上演武力，这是不少女人下意识的一个反应。于是，仇敌相风，少不了骂无数不雅之词，情绪高昂时免不了互扯头发、抓粉脸，搞得鸡飞狗跳、一片狼藉。

当爱逝去，女人们要舍得放弃，不要强求，有失才有得，懂得放下，心灵才会轻松，生活才会幸福。已逝去的，不必强求，因为天涯何处无芳草呢!

四　谨防陷入爱情的沼泽

爱情本是世间很美丽的情愫，古往今来有多少文人墨客用或委婉含蓄，或豪情奔放，或优美华丽的词藻来描写爱情、讲述爱情，并且有的至今传唱不休。但是，爱情本是人主观上的一种情感，有时亦会陷入一种当局者迷的困境，更甚者有可能会影响一个人一生。而女人，三十岁的女人，有时可能更输不起，更需要理智客观地面对这一情感，不但因为爱情不是生活的全部，还因为现实生活中真正成功的爱情需要避开一些“沼泽”，惟有如此，才能到达成功的彼岸。

（1）爱情不是全部

女人是感性动物常常在爱情中倾其所有，把自己一生的幸福维系于爱情，却不知道这是一种错误的方式，它对爱情有百害而无一利。其实，爱情也要划清界限。真正的爱情，是需要分清你我的，你的时间、你的事业、你的隐私、你的想法、你的空间……

爱情是一种感受，产生爱情没有固定的模式，留住爱情却有许多规律可循，适时划清界限是爱情和婚姻的润滑因子。

女人的独立并不是女人自己一个人的事情。有关爱情测验结果显示，不少男人更喜欢与自己职业、性格爱好不同的女人。无论男女，学会在爱情中保持独立的自我，这就是为自己创造另一种幸福。

然而，在现实生活中，许许多多的女人却成了男人的附属品，成了悲剧的主角。究其原因，根本一点就是自己不独立。

不独立的女人常常生活在自我想像的世界里，并沉溺其中不能自拔，她们不自觉地把自己假想为一个需要特殊关怀与宠爱的弱者。这种强烈的弱者心态影响了她们的活动能力和思考能力，使她失去了独立意志，终至依附和随波逐流。而且可悲的是，她们对此似乎有一种难以化解的痴迷。而具有成功意识的女人崇尚经济独立、个性开放的生活态度，她们不会想着依赖别人的供养，她们更愿意运用自己的智慧赢得财富，过自己想过的生活。

不独立的女人们习惯把自己当成弱者，总是希望男人照顾自己；她们以爱为职业，而且往往错误地把爱理解为“被爱”。由于这类女人缺乏独立意志，这使她们一步步导演了自己的人生悲剧，并在独立性丧失后，盛名、财富、爱情也随之丧失。

对一个女人来说，“坚强”这种精神应该贯穿于很多领域，当你面对社会、世俗、情变、无理时，你必须用“坚强”来面对。

最起码的坚强就是要独立，不轻易依赖。千万不要把生活中的某一件东西当成你生活的全部，否则你随时可能会失去自己。比如说爱情，这好比你被关在一间封闭的房子里，只有一扇“爱情”的窗口让你呼吸，窗口一旦关闭，你只能窒息死亡。但如果你有很多窗口，比如“亲情”、“友情”、“事业”……那么当“爱情”窗口暂时封闭时，你也不会让自己沉沦在这间黑暗房子里坐以待毙。

进一步的坚强就是要学会对抗，而不是消极地附和。当一个人或一种势力对你无情无义时，作为一个有独立人格的人，大可不必一味妥协，而是要通过对抗为自己赢得主动。

深层次的坚强就是需要你自己去承受和担负。一个人不可能一辈子都那么一帆风顺，一个人也不可能一辈子仅为自己而活，毕竟，“一了百了”仅是一句感慨。在这个世界上你不是了无牵挂的个体，你还有父母、朋友，你不能因为一个背弃你的人而选择逃避整个世界。

成熟的坚强是要懂得直面人生，直面人生旅程中任何一种苦难，同时欣赏身边存在着的一切美好。千万别告诉我你生活中几乎没有什么东西是美好的，想想你的家人，想想那些支持、关心你的朋友，林语堂先生甚至在生命的最后一刻还在形容这世界的美好。

有的人把爱情放在了第一位，把爱当成自己的惟一信仰，把爱当成了生活的惟一主题，把一个不应该是生命全部的东西装满了整个心。

爱情在这个世界上的确存在，的确值得人追求与留恋。可是爱情只是人的感情世界中的一部分，永远不是人生活中的全部！你一旦失去了爱情，还会有你的家人朋友，还会有你的事业工作，还会有下次爱情的来临。可是，如果你为了所谓的爱情，让感情世界来占据现实生活，到头来就只有虚幻的爱情理想了。

就像刘德华在《太多太多的抱歉》里唱的，“你在开始之前就知道结果，却是依然苦苦执著……你总是泪盈满眶……你的爱是种负担……你的脸上无意写着的憔悴……看着你天真的眼神，我想告诉你，不要显得如此困惑，爱情不是全部生活”。

但是也有不少女人认为，就整体而言这个世界是男人的，塑造它、统治它、至今在支配它的仍是男人。而思想观念陈旧的女人们，并不认为她们对这个世界有责任。这些没有独立意识与自我成功意识的女人，从未作为人生的主人昂首挺胸地站在群体其他成员的面前。她被封闭于她的家庭之中，认为自己是被动的。在这个意义上，说她们是失败者。

依附男人是阻碍女人独立和成功的最大障碍，无论一个女人多么富有才华和智慧，总是容易在感情上受到致命伤害而找不到正确的人生航向。

女人对感情的期望值往往很高，甚至有一种不屈不挠、执迷不悟的坚韧与痴迷。要知道感情为女人所赢得的世界是有限的，如果女人能将身心从一个男人那里尽早转向整个世界的话，那么这个女人的人生必将是丰富充实而色彩斑斓的。

我们可能读过许多关于爱情的诗章，听说很多关于爱情的故事，也感受过爱情的快乐与痛楚，深知道很多时候人生幸福是因为有爱情。爱情，无非是两个人演绎的所有幸与不幸。

有人陷在爱情的旋涡不能自拔，苦苦挣扎未果，于是便用他失落的心情诉说爱情的苦。也有人沉浸在爱情的蜜罐里，甜蜜地幸福着，如沐春风，于是就用他们的快乐去感染周遭的人们。

快乐是爱情，痛苦是爱情。没有爱情的生活仿佛白开水，清澈无味。但谁又真正愿意过清心寡欲的生活呢?

只是，人生有太多的事情了，爱情不是生活的全部，它不过是生活的一部分，或是稍微占的分量多了点罢。其实，每一件事情都需要我们用心，每个人都希望被好好对待的，人还是不应该把爱情看成是全部生命。如果曾经是痛过的，也该重拾心情，忘记过去，给自己新的开始。如果是快乐的，就应该好好珍惜，让快乐继续的。

爱情不是生活的全部，用心对待一切，让人生无憾。

（2）不要做情人

生活无聊、情感空虚压力大，没人诉说……等原因，都可以成为30岁女人放纵的借口。在种种放纵之中，找个情人这种形式因为披了“情”的外衣，而让不少女人迷恋、迷失……

情人之间特别容易产生誓言，但无论情人之间怎样海誓山盟，都难以逃脱分手的结局。

情人关系是脆弱的，虽说也有爱的成分，但起因却非常的漂浮，因失意、因激情，当然也因为爱，都有可能出现情人关系。而一旦上述这些前提失去后，情人关系的基础也就动摇了。情人关系从一开始就不稳固。情人的角色就像春天最美丽的花朵，盛开得饱满消逝得也迅速。当你爱上一个男人，最好远离情人的角色，它只能让你得到一时的欢乐，却让你永远背负着心痛的感觉。

当你爱上比自己大的男人，这个男人却有家庭的时候，你就该悬崖勒马。如果你真的放不下他，那么可以试着和他做朋友。如果你成了他的朋友，他会视你为一笔财富；他在你面前轻松自然，在快乐与烦心的时候会想到你；他会欣赏你的独立、你的思想；他会回味你的笑容、你的神韵；他会因你的鼓励而积极工作；他愿意让你见到一个成功的光芒四射的男人。

一旦两个人成了情人关系，便不再感到轻松透明。两个人之间有了种说不清的责任，便会自然地向对方生出许多要求。也许这种要求很正常，可当他满足不了你时难免伤心惆怅，你便会陷入情绪的旋涡难以自拔。情人的角色因见不得天日而产生出一种不安全感，甚至在患得患失中失去自我。而失去自我的女人总会失去曾经夺目的魅力。

与男人做朋友却是痛快淋漓的，你是你自己的，你和他之间也许有一种情愫，但这种感情不会让你迷失自己。你们都有各自的生活，你不会过多地要求对方，你也不会为他昼夜难眠。你会分享他的快乐分担他的痛苦，你们会在一起喝酒，开一些粉红色的玩笑而不会觉得很累。

情人之间太敏感，因为彼此的距离太近而失去朦胧的美丽。情人的眼里揉不下一粒沙子，一粒在显微镜下才能看到的沙子也能将两颗细腻的心磨损。而朋友却意味着宽容，让彼此感到愉快。如果说情人让男人感到烦心的话，他便会到朋友那里去倾诉。情人是沉重的，朋友却是轻松的；情人意味着眼泪，而朋友却是头顶的阳光。

女人的感性有时多过理性，情人之间的激情与吸引力会让女人难以自拔，但这激情与吸引力完全是因为它的秘密性，是见不得阳光的，然而激情总会过去，燃烧的猛烈熄灭的迅速，情人如春天的花朵，盛开的饱满但是消逝的也迅速，婚外情哪个不是轰轰烈烈的开始和虎头蛇尾的结束？总认为找个情人可以抚慰自己心灵的创伤，但意想不到的是给心灵带来更深的痛苦，总以为情人可以弥补激情的缺陷，但是新鲜过后发现这个男人和那个男人没有什么区别，不满足爱人身上的缺点以为找个情人可以相补，生活可以完美，但是又发现情人的毛病更难以忍受。

当他满足不了你的要求时，你便会陷入情绪的旋涡难以自拔，情人的角色因见不得天日而产生出一种不安全感，甚至在患得患失中失去自我。

阳光灿烂，但是你的世界却是一片黑暗，只有无尽的痛苦陪伴着你，情人是最经不起时间的考验，随时会被时间冲散。当季节偷偷交换，任大街曲曲折折重叠的时候，你才恍然大悟，地球怎么转也转不回昨天的美好……

呵呵，不过有的人也许会说：不在乎天长地久，只在乎曾经拥有；可你想过没有，你拥有的是一段“不光彩”的记忆，虽然爱情是美好的。也许你以为这段回忆很美好，但事实上，是这段回忆使你原本安定的生活无意间染上了不光彩的气息，使你的生活被笼罩在阴影之中，想摆脱却又无法逃脱；也许你以为回忆是一种幸福，但是你又错了，他曾经的笑容沉淀不了你此时内心极度的忧伤。

情人之间的感情太脆弱了，因为彼此距离太近而失去了原有的朦胧之美。情人的眼里揉不下一粒沙子；一粒在显微镜下才能看到的沙子也能将两颗细腻的心磨损。而朋友却意味着宽容，让彼此感到愉快。聪明的女人，如果恋上了一个比自己大的男人，而这个男人同时已经为人夫时，你千万不要去做他的情人。因为很多男人太健忘，他会忘记你以前的灿烂与美丽，将目光转移到灿烂与美丽的别人而对你熟视无睹。

人世间就因为一个情字，注定了很多人会为情所伤。感情有时也的确是很伤人的，因为它的敏感与细致，爱到极致，就是毫无保留。即使是对自身的防御。有人说，感情向来都是一个双面刃，既可伤害别人也可以伤害自己。而情人，从一开始就注定了是伤害自己。为了保护自己，为自己着想，三十岁的女人们，远离情人的角色吧！

（3）远离一夜情

社会曾经提倡的“性开放”绝对不是指人们平常所以为的含义，它主要是呼吁女性从过去封建社会的男权环境中解脱出来，女性绝对不能做男性的附属品、性奴隶。但是又有多少人真正明白这些呢？

一夜情，性开放，就这样在社会上蔓延开来。

一夜情是个引进的性游戏，很多人都觉得很刺激。在道德上，今人和古人一样，提到性就闪烁其词，让明明白白的汉语在一些问题上变得含混不清模棱两可——“一夜情”其实是一个典型的修辞阴谋。首先，它把中心词偷梁换柱，以“情”代“性”；而后，又以一个量词对离经叛道做了数量上的轻描淡写；尤为阴险的是将时间概念“夜”，置于阅读与朗读的中心位置，含蓄抒情的成分激发着潜在的浪漫想像。一个词的能指和所指，经如此处理，质量膨化，意像朦胧。

人们为什么要以情的借口做一次偷偷摸摸的爱呢？因为有些情感需要蜻蜓点水的性仪式；有些情绪需要不再回首的性发泄；有些情怀需要快刀斩乱麻的性抚慰。

现今年轻男女对于情欲勇于实践，乐于探索，甚至不惜冒险，可能令所有曾经历过“性戒严”时代的人们都颇感震惊。然而，人们在情欲上是否已经有了偏差？

“一夜情”通常仅只一次，也可能是有限的两三次，强调双方均基于性欲求的特点，拒绝感情与责任，通常发生在并不熟悉的人之间，这样他们可以免除很多不必要的麻烦。“一夜情”因此又被称为“一夜性”或“艳遇”，以显示其没有爱情介入的特性。追求“一夜情”的人也正是看重了这一点。主流社会对“一夜情”则持贬斥态度，甚至视之为流氓行为，同样因为它的无爱特点。

显然，只有识书断字之人，才需要有一个文绉绉的酸说法。一“夜”障目，是伦理道德在修辞中所产生的负面影响。

“一夜情”看来不是一道败坏胃口的菜，但为什么好吃的东西吃了第一口又不想吃第二口呢？一夜的限度，在情的当口又暧昧的迷失了脚步，而情这东西，一旦进入便难以了断。古人有“剪不断，理还乱”之训，今日也不乏“藕断丝连”之事。

“一夜情”其实只是“一夜性”。要想从“性”发展到“情”，基本没有多少可能——他会对水性杨花的你动真情吗？你会对动辄与女人上床的他动真情吗？所有的甜言蜜语，其实都只是为了获得一夜欢娱而已！

所以，一夜情对女人的伤害是最大的，但是这激情之后的后果有谁曾想过！有的人是因为一夜情被骗，在钱财被骗走之后，对方也随之消失，最后落个人财两空；有的人因为一夜情被传染上性病，并且传染给自己的爱人因不能治愈而落得终身遗憾；有的人因为一夜情离婚，结果不但影响了爱人和孩子的幸福，还使自己最终落得一个痛苦的结局。喜欢一夜情的人都是为了玩玩而已，你如果因为一夜情动了真感情，那么你的世界将变成悲惨世界。

因为一夜情而步入婚姻的几率应该小于千分之一，可是这一切的后果却都需要女人自己来承担。

多数经历过“一夜情”的人的内心都是痛苦的，不幸的爱情与不幸的婚姻以及对未来的不负责任，“一夜情”的发展是越来越有市场，可是，发生了以后呢？生活的状态什么都没有改变，只是让自己感到更加的空虚，有时，还会承受来自各方的压力：已经结婚的，担心自己的另一半知道，婚姻出现裂痕；没有结婚的，担心成为孕妇，今后应该如何面对的问题，等等。

三十岁的女人们，不论是单身还是已婚，请不要碰“一夜情”这杯含有激情的毒药。

请你不要接受一夜情，不管你的面前是哪个多帅的名星，亦或让你心动已久的成熟稳重男人，如果他没有想与你长厢厮守的决心，不要轻易将你漂亮而珍贵的身材示于男性面前，一句话，凭什么！

这样的你，并非不时尚，也能够接受许多新鲜事物，但对于一夜情，请你远离！大胆尝试并不能代表聪明前卫，或者真正做到了男女平等，相反，我认为，傻得可以！

现在，愿意为爱付出和等待的男人少了，因为，愿意在24小时之内就与一个素不相识的陌生男人上床的女人多了，正是这些女人们，宠坏了男人，教坏了男孩，还拿着前卫时尚当幌子瞎招摇，男性多数可以对女性的这类行为投赞成票，是因为他们为性付出的代价减少了，何乐而不为！

我并不赞成社会上某些人的“拜金”主义，女孩子因为钱而嫁是一件悲哀的事情，就像男人们如果因为你长得漂亮而娶你，将来也会为了另一张更上镜的脸而离开你一样，人的欲望强烈，固然可以为人类带来前进的动力和成功的前提，但欲望更需要我们理性地对待和控制。

我更不赞成女孩子一无所求地为了性而冲动，很多杂志和自认为前卫者常以“女性解放”为借口，想让女性放弃以往的美德和传统，依我看，这不是女性地位上升的表现，反而，女性的地位由此降低！我们不要盲目地向欧美人学习，她们的生活习惯，与她们长期以来的传统和历史有关，中国人，有自己的传统和历史。

女性在生理结构上就已经注定要比男人吃亏和软弱，所以，如何合理地保护自己，就成为了女性生活能否快乐的前提。

一篇文章曾提出了一个很有意思的话题：女人往往后悔和某个男人上了床，而男人往往后悔没有和某个女人上床，这个话题，把男女从生理结构，思想心理上的差异描述得非常到位！女人，不要说不后悔，不要说我愿意，当那个男人报着玩弄的心态占有了你的身体，第二天清早匆匆赶去上班连一句再见都没向你说时，你的心里，会一点心酸的滋味都没有？鬼才信！

也许某些人会说：这不是女孩的错，这是男人不对！

是的，正人君子们啊，当你们说这句话的时候，请扪心自问：如果你与一个人人欲得之的漂亮女人发生了性关系，你会一点得意之情都没有？或者，在与哥们蒸桑那，喝花酒的时候，你会不把这令人得意的事情公布与众？你当然会，你只是不在女人们面前说而已，为什么不在女人面前说，因为你怕把事情搞砸了，以后没人陪你玩一夜情游戏！

有人说男人高不过一张床，意思是指，某些没有责任心，没有爱心的男人，一旦得到女人，便不再感兴趣，就会提出终止交往，或者，不再像原来那样哄你呵护你，看过后，掩卷暇思，真正地发人深省。

自尊、自爱、自重，这三个褒义词自古以来就是对女性的最高评价，如今，真的不需要了吗？

珍宝有毒蛇猛兽在守卫，明珠一定藏在深海中，而燕窝，长在悬崖上，总之，好东西，就一定要让人通过勇气才能独得。女人们啊，什么时候都不要变成狗尾巴草，让男人予取予得！

所以，女人们，请珍惜爱情，远离“一夜情”。

（4）有些男人不要碰

每个女孩心中都有对未来“白马王子”的设想，但是经过岁月的磨砺，这种憧憬已变得更现实。三十岁的女人，岁月教会了她们容忍与将就。只要没有什么大是大非的缺点或缺陷，就可以了吧，毕竟人无完人。这是不少30岁女人的心声。但是有些男人最好还是不要凑合吧。

恋爱大百科型。不难发现他一招一式都熟练自如，经验老到，他对讨好女人真的有一套，他会让你觉得自己是最有魅力的女人，是他梦寐以求的白雪公主。遗憾的是他对别的女人也这样。他在女人堆里如鱼得水，游刃有余。他可能同时和数位女性恋爱着、周旋着；或者是已经有要好女友，却又会爱上其他女人。这些都表示这个男人在感情上不去约束自己，出轨的事情是随时都会发生的。

所以如果你不想成为他众多战利品中的一个，离他远点。

典型自负狂。这样的男人往往是城市里的高级白领，事业有点或比较成功，生活方式接近于“雅皮”。他们多数在外企工作或从事高科技行业，当律师，还有自己当老板的，大多收入不菲。他们自视甚高，目空一切，品位不俗。他们信奉的是金钱。因为有钱，他们才能拥有理想的生活，享受到很多别人享受不到的东西。如果他们显得没有铜臭味，那是聪明才智使然。

所以你对于他，只是一件高级的收藏品，他的优越会给你压力，他会挑剔你，让爱情变成一场资格考试，让你自卑甚至无所适从，恋爱也毫无乐趣可言。另外，你们之中，他永远是中心，你只是陪衬。如果你觉得这样也不坏，那就随你了。

暴力型。打女人的男人，相信连男人也会同意：这种男人是“人渣”。

这种男人最好不要与之交往，如果已交往，最好说拜拜，再如果真想给他机会，就给他五年的时间，等他真的改了，再考虑接受他。

自恋虚荣型。他自以为了不起，喜欢吹嘘自己的长处，并否认短处；在外人面前很会装腔作势，在自己人面前则挑剔别人的缺点，而且死不承认问题出在自己身上。爱自己胜过一切，这种人会把自己犯过的过错都推给身边最亲近的人。

这样的男人虽然常常很有吸引力，但也还是尽早离开他的好，否则小心他失意时，会把你贬损得一文不值。

新葛朗台，跟吝啬的男人在一起，谁都受不了他的斤斤计较，而且，他的小心眼儿不光表现在钱上，他不可能是个有心胸、有气量的男人。与这样的人生活，难免会陷入种种计较和纠缠中，把人烦得受不了。

一位女友说，吝啬的男人该判十五年徒刑。事实虽不至如此，还要看看他的吝啬是否针对于你。果真如此，还是别再抱什么幻想了。

懦弱型。他们非常害怕遭遇挫折，会因为经不起打击而自动放弃。这种性格软弱的男人，一般来说十分谦卑温顺，但也会以自己的软弱来猎取许多大女人或女强人的爱心和同情心。他一方面以征服女强人来满足自卑心理，另一方面也依赖女强人吃软饭。表面上，他可能是善理家务的新好男人，但仔细观察后，你会发现他其实很幼稚。

要识破这种懦弱的小男人，光凭日常生活的表现是不容易看出来的，只有在事情的发生与他个人有利害关系时例外，比如，你怀孕了或者他闯祸了，如果他总是顾左右而言他，避重就轻，你就可看到他的懦弱。如果你无法忍受，就要另觅真爱了。

控制型。开始时，你或许会满足于这种控制欲强的男人的天罗地网式的关心，他会事事不放心你，时时“关心”你，要知道你在哪，在干什么，和谁在一起，你觉得他是太在乎你了。但当你们的感情稳定下来时，你会发现他的控制欲使你呼吸都困难。他会详细探问你每日的行踪，绝对限制或禁止你与异性的正常交往，严重者会发展到怀疑、监视、跟踪、翻手袋，让这样的日子成为你的噩梦。

控制欲强的男人若非过于自卑，就是个性太脆弱，和这类男人长期相处，你迟早会因对方强烈的性格分裂而崩溃。试着改变他吧，这是你们之间除了分手以外的惟一出路。

玩物丧志型。嗜赌成性，酗酒，吸毒……甚至对工作或任何一种事物过分沉迷的男人都是靠不住的，有道是玩物丧志。培养适当爱好可增添生活情趣，若毫无原则地沉迷于某种活动，轻则妨碍两个人的沟通机会，重则会使你们的日子过得乱七八糟。

直接告诉他，你不希望跟这样的人过一辈子。如果他答应改正，就给他一次机会。记住：事不过三。当然，如果他是足球迷，每四年才让你当一次“足球寡妇”，原谅他吧。

过分追求事业型。有事业有地位的男人是最受女人青睐的，可是如果过分看重事业的男人，往往会牺牲个人情感，而选择那些能够在金钱、权势和能力等方面助他们一臂之力的女人。这种过分追求事业的男人的择偶是有条件的，因而不是真正能够患难与共的伴侣。

大男子主义型。他们喜欢吆喝，一副“大丈夫何患无妻”的模样。这种男人如果是表面上这样，而你的确爱他，那就迁就与维护一下他的尊严吧；如果骨子里也是如此，那么做他的妻子就惨了。

太注意自己形象型。穿着隆重得体，出门以前总是梳三次头再照三次镜子。表面上他是为了取悦女人，其实他最关心的人是他自己，而且十分自私，很少会顾及到女人的感受。

有恋母情结并且女性化的男人。这种男人在幼时和母亲接触太多或者是太缺乏父爱了，故在长大成人后什么事都依靠母亲，他们缺乏独立的意识，应变能力很差，做事没有充足的信心。因为过于恋母，他们的行为与心理都变得女性化，这从他们的外表与喜好就可以看出来。比如，他们喜欢穿质地柔软的羊绒织物，爱窃窃私语，厌恶运动，爱收看电视连续剧。和这种缺乏男子汉气概的男性交往，你不仅感觉他不像男人，也会觉得自己越来越不像女人了。

志大才疏型。这种男人好高骛远，追求完美的生活和成功的事业。所以他们按照社会的期望把自己的生活安排得很满，工作、交友和娱乐活动都不曾错过，并且都想赶在潮流的最前沿。而往往他们缺乏内涵，没有真才实学，因此才让许多事情来充塞时间，给你一种成功男士的假象。你如果和他在一起生活，时间一长就会发现他只是一个假好男人，这种男人一生都不会有什么出息。

急于结婚的男人。这种男人往往和你约会几天、甚至数个小时以后便会向你求婚。刚开始的时候，他会表现得非常绅士、非常浪漫，他会与你在沙滩上漫步，送你一束鲜花，替你预备晚餐，甜言蜜语地说“我爱你”。可是如果你真的嫁给了他，就会发现他所做的一切全是表面化的。结婚以后，他马上会完全改变，总是挑剔，喜怒无常，并且他从不认为自己有错。因此，对于这种男人应该趁早避开，特别是经过多次婚姻的男人。

人无完人，金无足赤。但是如果一个缺点在一个人的身上无限扩大，那就不是可以改掉，可以宽容的缺点了，对于这样的人，不交往也罢。

爱情亦有泥沼。坠入爱河里的女人一般都会失去应有的理性，但是有时爱情却很需要理性与客观，因为我们不是生活在世外桃源，也不是生存在无菌箱里，适当的理性，谨防陷入爱情的沼泽，会让我们女人的生活更加阳光灿烂，也会让我们的爱情更丰富多彩。

五 婚姻需要保鲜

婚姻是两个相爱的人真正走到一起，组建了一个家庭，那婚姻就不应该是爱情的坟墓，相信谁都需要婚姻天长地久。但是，三十岁女人的婚姻已开始进入平实的生活阶段，有了宝宝后的生活更是每天忙乱，是实实在在的柴米油盐，没有想像中的那么浪漫，不仅平淡如水，而且有时还繁琐的惊人，时间久了，会缺少激情，甚至有的婚姻早早地触礁了。这说明婚姻是需要保鲜了，需要我们把五光十色的内容加入进去，再混合我们的真情与爱，婚姻之树就会常青。

现代人都有这样的常识：想要保持食物的新鲜，就把它放进冰箱里。渐渐地，冰箱成了保鲜工具的代名词。

当然爱情也会过期，所以人们想到最好的办法就是把它放进名叫婚姻的冰箱里。但冰箱的常识又告诉我们没有一台冰箱能够使里面的东西“永葆青春”，它只能延长物品的寿命。更现实的是，冰箱里还放着许多与爱情无关的东西。保存不当，它们会使爱情串味、加速变质，最终会污染整个冰箱。

所以不要把东西扔进冰箱就置之不理，要时不时打开冰箱，时不时把容易腐化感情的东西挪出去，时不时把除臭除味的芳香剂请进来，时不时在陈旧的爱情中添加新鲜的感情防腐剂。如果一时偷懒，及时发现补勤还来得及；如果一人疏于照管，另一人及时接班也还来得及。只要婚姻中的两个人能时刻注意为婚姻保鲜，生活就会时刻充满激情与浪漫。

那些婚姻时间维持越长，越美满的夫妻，往往越会保持刚恋爱时那种炽热的感爱。

有人说，那种炽热的感觉和爱情不会随着时间的流近而消失，要想法去维持。这就是，营造婚姻中的浪漫、情趣和幽默。

每一个人都希望自己拥有一个浪漫的婚姻，有的人以为只要找个浪漫的对象，婚姻就可以永葆浪漫。这是错误的想法。浪漫的人，特别是婚后的浪漫，更需要用责任和智慧，在现实生活中去营造。

婚后的生活很容易使双方陷入日常的、千篇一律的家务活动来，个人的角色由原来的恋人变成了工作伙伴和访客。久而久之，两人没了激情有了距离，生活没了色彩有了乏味，爱情走向结束，婚姻面临危机。

婚姻的保鲜的内容十分的丰富。从小事做起，从不经意中做起，从情感做起，从包容做起等等。女人可以每天给丈夫熨一下衬衣，让丈夫在一天的生活中，体会夫人的温暖，可以在送丈夫上班时，擦一下皮鞋，顺便告诉他，希望他早点回家。现在很多男人做早餐，送孩子。为夫人担当了一定的家务，光干不行，如果加上一句，“夫人上班很累，我多干点”，夫人听了这样平常的语言，表面没什么，但内心是愉悦的。当然，还有更多的方法，在临下班时打个电话，给个礼物，给个惊喜，投其所好是最恰当的保鲜方法。

婚姻的保鲜不能不提到性生活。可以把性生活放到保鲜内容中，在这里，我想单独的写，是给予重视。在国家没有控制生育的时代，孩子一大帮，生活的压力使夫妻双方的精力都投入到了维持生活之中，性生活的概念很淡化。周围的生活环境和人们的思想，也没有今天这样繁杂。从离婚率的数据中，大家就可以有明显的体会。随着经济的不断发展，文化素质的不断提高，性生活问题突显出来。有人把这样的问题，归罪于改革开放，有的归罪于金钱，有的归罪于权利。这些原因都存在，但根本的还是要追溯到人的身上。身为女人，不了解丈夫的需要，在日积月累中淡化了对丈夫的理解，孩子迁移了自己的感情投放，只要把握金钱，就似乎掌握了男人。男人的出轨，女人应该有责任，在生活细节中，把男人推给了别人。而男人对夫人的性要求，要适度，要体贴，要温柔。要保留恋爱时的尺度和心态。毕竟女人不同与男人。性生活是婚姻中重要的保鲜内容，如果把性生活当成了履行的行为，不注入活力，即使有这样的生活，时间长了，也会没有了吸引力。特别是女人，女人性生活中，处于被动的地位是普遍的，表达自己要求是羞愧的，含蓄的。让你的丈夫了解你的需求和想法，就是要加强沟通，学点保鲜的方法。

婚姻保鲜的形式是丰富多彩的，根据文化程度的不同，经济条件的限制，生活习惯的养成，我们不同的家庭有不同内容。结婚纪念日，是最好的保鲜机会，它给我们提供了时间，内容……我们有无数个理由，向对方表达自己的爱，自己对家庭，对对方的要求。让我们的夫妻感情回到当年的热恋境界。把“死了都要爱”表达得淋漓尽致。

海鲜是道名菜，就是贵在了“鲜”字。婚姻的保鲜，就是难在了“天长地久”上。生活中每时每刻都需要理解，包容，爱恋对放，真是很累的事情，很小的事情，很难的事情啊。保鲜婚姻是一生的课题，它也潜移默化的影响着孩子。

为婚姻保鲜，看起来是一件很抽象的事，但只要用心去打理，用爱去经营，用智慧去管理，这样的婚姻肯定会给人的感觉是每时每刻都新鲜。

童心

众多国人对一些中老年人喜欢手舞足蹈、载歌载舞不理解，甚至斥之为“精神病”。这些人忽视了童心不泯能增加许许多多生活情趣。其实，只有童心不泯，青春才可常驻，爱情才可历久弥新，所以最好能保留多一点儿天真、单纯，多拥有一点儿爱好、好奇心，多玩一点游戏。不管是男人还是女人，在外尽管当“正人君子”，可回到家，大门一关就最好当大孩子。这样，生活就会充满乐趣，夫妻之间会有新鲜感。

浪漫

不少中国家庭太注意实际，而缺少浪漫。也许有人碰上这样的提问"工作、家务忙了一整天后，一家人为什么不去散散步呢？"会回答说："我很累"。然而这些说"很累"的人过不了一会儿就垒起"四方城"来，甚至彻夜通宵打麻将。可见，能否浪漫的关键在于是否拥有浪漫情怀。不要以为浪漫无边就是献花、跳舞，不要以为没有时间、没有钱就不能浪漫。要知道，浪漫的形式是丰富多彩、多种多样的。只要用心去做，让对方感受到你的爱，这就是浪漫。

幽默

许多人把喜欢开玩笑看成油嘴滑舌、办事靠不住，认为夫妻之间讲话应该讲求实在，用不着讲究谈话艺术。殊不知，说话幽默能化解、缓冲矛盾和纠纷，消除尴尬和隔阂，增加情趣与情感，让一家人其乐融融。

亲昵

许多夫妻视经常亲昵为黏黏糊糊，解释"不当众亲昵"是不轻浮的表现。但专家研究发现，亲昵对提高家庭生活质量有着妙不可言的作用，而长期缺少拥抱、亲吻的人容易产生"皮肤饥饿"，进而产生感情饥饿。因此，家庭生活最好能多点儿亲昵的举动。例如，长大了的女儿仍挽着父亲的手；夫妻出门前拥抱、接吻；一方回来迟了，不妨拍拍忙碌的另一方的"马屁"，等等。

情话

心理学家认为：配偶之间每天至少得向对方说三句以上充满感情的情话，如"我爱你"、"我喜欢你的某某优点"。然而，不少国人太过注意含蓄，有人若把"爱"挂在嘴边，就会被说成是浅薄、令人肉麻。不少中国夫妻更希望配偶把爱体现在细致、体贴的关心上。这固然没错，但如果只有行动，没有情话，会不会给人以"只有主菜，没有佐料"的缺陷感呢?

沟通

经常在影视片中听到夫妻某一方说："我想找你谈谈！"于是，双方会找一个机会把心中的不快全倒出来。而不少中国夫妻把意见、不快压抑在心里，不挑明，还美其名曰"脾气好，有修养"。其实，相互闭锁只能导致误会加深，长期压抑等于蓄积恶性能量，一旦爆发，破坏性更大。人们不时可见，一些平日相处不错的夫妻一旦吵起架来就翻陈年旧账，把陈谷子烂芝麻的事儿一股脑儿全倒出来，结果"战争"升级，矛盾激化，有的甚至导致劳燕分飞。正常的做法应该是加强沟通，有意见、不快应诚恳、温和、讲究策略地说出来，并经常主动地了解对方有什么想法。吵吵架也不一定是坏事，毕竟它也是一种沟通手段，只是吵架时千万别翻旧账、别进行人身攻击。

欣赏

人们常用欣赏的眼光看自己的孩子，所以总觉得"孩子是自己的好"；又因为常用挑剔的眼光看配偶，所以总认为老婆（丈夫）是别人的好。例如，一方全身心扑在工作上，另一方既可以欣赏："他（她）事业心强！"也可以指责："一点也不把家放在心里！"这说明了，用不同的眼光去评价同一件事，结论会大相径庭。如果你不假思索就能数出配偶许多缺点，那么，你多半缺乏欣赏眼光。如果你当面、背后都只说配偶的优点，那么，你就等于学会了爱，并能收获到爱。

婚姻不单单是两个人的，女人嫁给一个男人也就嫁给了男人背后的整个社会关系。因此，如果女人要想让婚姻保鲜，还要处理好与丈夫背后亲人的关系，尤其是与公婆的关系。

既然你的丈夫与他们血脉相连，不会因为婚姻就断绝了他一切的过往，那么，"家和万兴事"，做媳妇的你平时多关心公婆，让他们感觉不是少了个儿子，而是多了个女儿，一家人其乐融融，岂不更好?

如同"雾里看花，水中望月"，婆媳关系总有那么一点点儿隔膜，一点点儿淡漠，一点点儿间隙，一点点儿防备，甚或还有那么一点点儿难以解释的尴尬，一点点儿无法言说的微妙。比如，婆婆心里憋闷，偶尔女儿回家，就觉得格外亲切，临走，总是让女儿拿这拿那，媳妇却看在眼里恨在心上；媳妇闲着无聊，总爱回家看看，婆婆嘴里嘟囔着还是亲娘亲。

婆婆生病，媳妇衣不解带、食不甘味地终日陪伴、守候，难免有失误偏差，婆婆却特别敏感，对其多日的劳苦一脸漠然，认为媳妇的关心中掺杂了太多虚假；女儿偶尔守护床前，却事半功倍，对女儿的照料热泪涟涟。

婆婆保守，常年省吃俭用，饭菜以可口为标准，衣着以朴素为佳品；媳妇时尚，难免有时浓妆艳抹、裘装皮裙，饭菜挑剔，花销奢侈，因而芥蒂便在不知不觉间产生了，且愈演愈烈，使丈夫陷入两难的境地……

“家和万事兴”，对于媳妇而言，如果你想继续幸福的婚姻，让婚礼上的誓言在现实生活中一一兑现的话，就不能让你爱的人为难。更何况，正是由于公婆的悉心养育，让你有了一个可以依靠的肩膀。所以，你平时要怀着一颗感恩的心多多关爱公婆，这是对老人起码的尊重。

（1）不要当着公婆的面数落或指使丈夫

父母一把屎一把尿把儿子拉扯大，他们希望自己的儿子不要受到一丁点儿委屈，这是为人父母固有的心态。所以，女人一旦嫁到一个家庭，就应该全心地去呵护照顾自己的丈夫，这样可以给婆婆留下一个良好的印象。

如果夫妻间发生了不愉快，不要当着公婆的面数落或埋怨丈夫。因为做父母的总是袒护自己的孩子的，数落丈夫，其实就是对公婆“家教”的否定，这样会让老人觉得很没面子。

要注意不要当着公婆的面指使丈夫干活，因为那毕竟是他们的儿子，在他们的怀抱里几十年都不舍得让他干一点活，被媳妇指使，虽然他们嘴上不说，但是心里肯定是不乐意的。

（2）让丈夫做“中介”

媳妇要让自己的丈夫做好“中介”的角色，例如平日家中有表现孝敬公婆的机会，丈夫可以多叫妻子出面，如母亲过生日，买了东西叫妻子出面送给老人等。这些策略都有助于婆媳之间的情感交流。当媳妇与公婆间发生矛盾时，如果媳妇受了委屈，首先应取得丈夫的理解，再通过丈夫从中周旋，消除与公婆之间的芥蒂，使双方和好如初。

（3）多和公婆协商

夫妻处理家务事，彼此之间都建立了默契，比如，双方都觉得工作很忙，被褥不叠、衣服存几天集中洗等情况很正常。但有的公婆却会对小家庭处理家务的能力担忧，经常突击检查，觉得看不过眼了就亲自动手打理。

在这种情况下，媳妇往往会觉得公婆的突然“空降”不仅打破了小两口的生活习惯，还是对自己的不信任和不满意，甚至上升到“干涉”小家庭独立的高度，这些都会给婆媳关系留下阴影，公婆也会因自己的好心没得好报而备觉委屈。

为此，婆媳之间要相互尊重，有事共同协商处理，如经济开支、如何教养第三代等，养成民主家风；而属于个人的“私事”，则应互不干涉，个人享有“自主权”。其实，公婆年岁大，管家或教养孩子的经验比较丰富，做媳妇的不妨多向公婆请示汇报，这样既显示了对公婆的孝顺，也体现了对他们的尊重。

（4）多和公婆沟通

上了年纪的人，感情相对脆弱，怕孤独，爱唠叨。但有的媳妇对这种唠叨非常较真，会认真地同公婆进行辩解，这就有可能成为家庭战争的导火索。还有比较含蓄的媳妇虽然不至于当场发作，但也会因此产生不快，时间一长，对婆婆的不满越积越多，等到有一天忍无可忍时来个大爆发，这种爆发的杀伤力会远比当场翻脸大得多。一般发生这种情况后，婆媳关系基本没有修复的可能性了。

其实，很多上了年纪的老人都有爱唠叨的毛病，就如同你回家听自己父母唠叨时的感觉一样。作为媳妇，如能与公婆多聊家常、多聊他们儿子的一些趣事，或把自己的一些兴趣爱好讲与公婆听，会极大地安慰老人那颗孤独的心，你们之间的心理距离就会大大缩短。

（5）避免和公婆争吵

公婆、媳妇来自不同的家庭，不论是生活习惯还是思想观念各方面都千差万别，在一起生活，哪能永远像一幅完美的画那般美好，双方偶而发生一点不愉快的事是在所难免的。

所以，当与公婆之间出现了分歧、产生了矛盾时，作为媳妇的你一定要保持冷静的头脑，即使公婆发脾气，你也要克制自己的情绪，或者寻机走脱、回避，等事态平息后再交换意见，处理问题，而不要因一点小事就和公婆“开战”，否则，久而久之，双方的成见会越来越大。况且，在旁人看来，作为晚辈的媳妇跟公婆争吵，他们会认为这个媳妇没家教。

此外，“家丑不可外扬”。平日和公婆有了意见，切忌向邻居、同事或朋友乱讲。不然，有一天你的话被加油添醋后传到公婆耳朵里，只会加剧双方的矛盾。

即使知道公婆在外人面前说你的坏话，也不要以牙还牙，以眼还眼。聪明的媳妇会这样做：公婆在人前说我的坏，我就高调地在人前说公婆的好！这样一来，公婆面子十足，今后也会想法子弥补过失，而你在公婆及旁人眼中更是一个识大体的好媳妇。

（6）不要算计公婆的财产

不要过分看重金钱，更不要“算计”公婆的财产。公婆有钱，并且愿意出于亲情帮助自己的儿子，媳妇沾丈夫的光，可以因此少奋斗几年，你应感激公婆的情义。没有，你也别抱怨！因为钱是公婆的，他们有权利随意处置自己的财产，即使全部给了大姑子、小叔子、小姑子，你也没有必要为此耿耿于怀。再说，公婆年纪大了，手里总应该留点养老金以备后患，全给了你们，等他们病了、老了，作为媳妇的你会毫无怨言地出钱医治他们、奉养他们吗？当面对金钱与亲情的冲突时，每个人都应该义无反顾地选择亲情。

婚姻这门学问需要人一辈子去学习，正所谓活到老学到老，一时的疏忽大意，可能就会带来一生的遗憾。

六 谨防“N年之痒”

婚姻是一场终身的事业，事业的每个阶段都会有低谷；婚姻又是一条长满刺的毛毛虫，在两个人的身上不断地磨蹭，需要与它斗智斗勇。胜负的标志是它先褪光了刺，还是你先过敏。正因为这样，我们先提前做好准备，当毛毛虫犯痒的时候，当处于低谷期的时候，我们就可以笑看风云，从容应付。三十岁的女人们，或许你即将，或正在与一年、三年之痒做斗争，但是这些“N年之痒”绝对没有想像中那么可怕，只要我们经受住时间的考验，慢慢地磨合，那我们婚姻肯定能安全渡过这些“N年之痒”。

夫妻感情归于平实是“N年之痒”的主要原因。人们对事物的珍重，往往在追求它的过程中显得更突出。爱情也是这样，在追求异性的过程中显得无比的热情和急切，一旦过上夫妻生活就会有所冷淡。

结婚之后，夫妻之间往往不像恋人之间那样相互亲热和富有吸引力了，双方都感到过去的爱情丧失了一部分。有人说，婚姻是爱情的坟墓，就是对这种现象的夸大。

作为一种很普遍的现象，婚后爱情的淡化与异性好奇感的消失密切相关。一般说来，在结婚之前，恋人往往期待着结婚，寄予结婚以十分美好的希望，憧憬着婚后的幸福生活。结婚以后，希望得到的都得到了，好奇感也就没有了。

婚后爱情的淡化还与婚后夫妻双方注意力的分散和转移相关。在恋爱阶段，恋人都是聚精会神地与对方交往，以各种亲密的方式传送和接受爱。新婚蜜月阶段也是这样。可是，蜜月之后，夫妻的注意力分散了：要工作，要考虑吃、穿、住，要应付各种社会关系，要赡养长辈。特别是有了小孩以后，母亲为之生活而操劳，父亲为生计而奔波。这样，夫妻之间就很难有恋爱时那样多的甜蜜交往，更不如新婚时那样兴趣盎然。因而，有的人不免觉得感情冷淡，若有所失。

其实，随着种种社会伦理关系的建立，尽管冲淡了夫妻之间直接的情感交往，但中介性的交往却时时刻刻在进行着，中间绳索把两人拴得紧紧的，如果是现实主义者则会感到爱在加深。比如夫妻间的相互关照、对孩子的教养、家务的操持等等都是爱情的现实表现，通过这些活动可以帮助、体贴对方，加深感情。爱情并不在于说多少爱的呓语，而是要见之于行动。正如车尔尼雪夫斯基所说的那样：“爱一个人意味着什么呢？这意味着为他的幸福而高兴，为使他能够更幸福而去做需要做的一切，并从这当中得到快乐。”

尽管结婚之后，好奇心满足了，注意力有所转移和分散，但爱情并没有完结，爱的表现方式更多了，爱的体验更深。一个方面的因素没有了，另外诸方面可以到来，甚至还会更充实、更全面、更牢固，问题在于每一个人能否体会到这种生活的乐趣。一个会生活的人，也就是奋力追求爱并真正懂得爱的人，对种种输出和输入的形式，他（她）都能适应，并加以发展。

夫妻生活中不可能没有矛盾，生活习惯、思维方式，为人处事方式等等不可能都一致，这就不可避免的导致矛盾。建立于爱情基础上的家庭也会时常有矛盾发生。两口子过日子鲜有不磕磕碰碰的。家庭中的大小矛盾，或多或少、或轻或重都影响到夫妻感情。夫妻之间的矛盾根源何在，夫妻的矛盾心理有何表现，怎样克服这些矛盾，是每一个成家立业者都应特别关心的问题。

结婚成家以后，生活的内容发生了很大的变化。此时，热恋中卿卿我我的浪漫之情已被现实生活中的琐事所代替，夫妻之间在性格、爱好和生活习惯等方面所存在的差异在朝夕相处的日常生活中也逐渐显露出来。天长日久，就会发生一些矛盾和冲突。

一般来说，两人在一起的时间越多，相互接触的机会越多，彼此发生冲突的可能也就越大。夫妻关系是人与人之间最亲密的一种关系，它不像兄弟姐妹，更不像亲戚朋友，它具有其他关系所无可比拟的长期性和稳定性。除了少数离异者以外，大多数夫妻都是要白头偕老，共同生活一辈子的。因此，在夫妻长期的共同生活中，发生一些矛盾和冲突，不足为怪。

有的人把婚后的生活想得太美满，似乎除了甜蜜，就是似水的柔情，根本没想到婚后居然还会有矛盾和冲突。所以在发生冲突以后，便对自己的婚姻和家庭感到失望和沮丧，其实，这种失望或沮丧的情绪大可不必，也是很不应该的。

虽说夫妻间的矛盾与冲突是难免的，但并不是说夫妻间冲突是可取的。每吵一次架，或多或少会使夫妻双方的心灵之间多一道裂痕。因此，应尽量避免夫妻间的争吵。

夫妻争吵不仅造成双方精神上的痛苦，而且引起家庭不和。如果在一个家庭里，作为家庭基本成员的夫妻之间经常发生争吵，谁还有心思去料理家务，还谈什么增进夫妻感情？在这样的家庭里，很难有什么幸福可言。

夫妻冲突还会影响自己的身体健康。有学者指出，在一切对人不利的影响中，最能使人短命夭亡的莫过于不好的情绪和恶劣的心境。夫妻经常扯皮吵闹，容易使内分泌紊乱，内脏器官失调，从而引起胃痉挛、高血压、冠状动脉闭塞和心脏病等。夫妻长期不和，女方还特别容易得食道癌和乳腺癌等病症。中医认为，百病由气而生，因一语不当而招致不幸者，在生活中是屡见不鲜的。

父母吵架对孩子也会产生不良影响。如果父母经常吵架，孩子长期陷于恐惧、忧虑之中，就会使其在精神上和心灵上受到创伤。同时，一个爱吵架的家庭往往是人们言论、讥笑的对象。在这样的环境下，孩子会产生一种自卑感。这种畸形的心理状态会使孩子自尊心受到损害，从而渐渐地对父亲、对家庭，以及对整个社会失去信心。而且，孩子对父亲吵架时用的粗俗语言和蛮横态度，也会有意无意地进行模仿。据儿童心理学家调查，生活在这种环境下的孩子，大都性情怪僻、固执，缺乏礼貌和同情心。

夫妻经常吵架怄气对双方的工作、学习和事业的影响也是很大的。因为经常吵架，势必会给双方的精神带来痛苦，当然不利于双方的工作、学习和事业发展。

夫妻之间感情随着婚后繁琐家庭事务的变淡，以及各种矛盾引起的争吵，都是“N年之痒”的原因。尽管这些都是难以避免的，因为人不可能生活在真空中，不可能生活在世外桃源，但是，只要我们有心，只要我们想办法加以调整和调适，三十岁的女人们，相信所谓的“N年之痒”会自动逃离你们的幸福生活。

对于三十岁的女人来说，婚姻生活的“N年之痒”可以是一年这痒的磨合期，可以是三年之痒的分离期，可以是五年之痒的懈怠期，也可以是七年之痒的转折期。

一年之痒的磨合期是指新婚。新手上路，总要慢慢磨合一阵子，磨得习惯了对方的习惯，婚后生活这锅汤才会“咕嘟”得起来，才会进入一百度的最佳状态。磨合期通常都是表面化的生活习惯上出现冲突：如作息时间，起居习惯，饮食口味，卫生习惯，家务分配等等几乎一切生活细节，都需要调整“中和”，让生活的酸碱度处于两人都可以接受的最佳值。

三年之痒的分离期指生育冲突期。国民经济要软着陆，婚姻也要软着陆。当你侬我侬的浪漫，面对柴米油盐的世俗生活，是选择结束似乎无可救药的罗曼蒂克呢，还是选择继续把柴米油盐酱醋茶看作是最浪漫的事？

同时，要不要孩子，何时要孩子似乎成为这一阶段的主要矛盾，或者是刚有了孩子，因为各种忙乱的琐事也会产生争吵。这实际上是在考验深层价值观的具体事件上出现矛盾，拉大了情感距离，类似于在心理上处于“离婚”状态。尽管价值观的调和并非易事，但是如果要把婚姻继续下去，就必需进行沟通，通过沟通来慢慢地接纳彼此的价值观，对对方的价值观持宽容态度。

五年之痒、七年之痒等等这些“痒”，无非就是夫妻双方长期朝夕相对，或是因为太过熟悉而产生淡漠感，或者因为太熟悉而关系到各种深层次的矛盾，但是只要我们用心去经营、去维系，用正确的态度和方式对待婚姻，这样的婚姻不可能不幸福。

（1）对婚姻和对方的期望值，不要过于理想化和标准化，而且要不断调整。

对于另一半，我们从很早的时候就开始想像和设计，人人都希望自己的伴侣方方面面都很优秀，但现实是这样的人根本不存在，或者婚前热恋的时候以为自己找到了，但结了婚之后才发现，对方原来在很多地方并非自己想像。所以，要想婚姻生活有幸福感，首先期望值就要适当，宁愿低一点也不要过高。这是符合心理学规律的。从心理学角度说，幸福感反映了个体期望值与成就感之间的“缺口”或“比值”，缺口＝期望值－成就感，比值＝成就感/期望值，缺口越小，比值越大，幸福感就越高。期望值要不断调整。婚姻N年要有与之相对应的期望值，这样才不会有太大的心理落差，才不会出现所谓的“婚姻N年之痒”，才能在尽可能多的时间里享受婚姻。

（2）不要质疑婚姻的幸福。

以体验论幸福感的观点，幸福感是一种心理体验，这种体验并不是某种转瞬即逝的情绪状态，而是基于主体自觉或不自觉的自我反省而获得的某种切实的、比较稳定的正向心理感受。我们一定要相信自己的婚姻会幸福，相信双方都会为之努力，并且寻找可以支持这种信念的细节来强化它，然后我们才会有足够的勇气和坚持去面对婚姻中出现的任何挫折阻碍。如果抱着怀疑一切的态度去面对婚姻，真的很难有幸福快乐的体验。

（3）接受选择，创造幸福。

南怀谨在他的一篇文章中这样写道："我也常常提到杭州城隍山城隍庙门口的一副对联。这对子上联描写夫妇关系：夫妇本是前缘，善缘、恶缘，无缘不合。夫妻不一定是好姻缘，有的吵闹一辈子，痛苦一辈子。下联说的是儿女问题：儿女原是宿债，欠债、还债，有债方来。有债务关系，才有父母儿女。所以，人生由男女感情结为夫妇，然后生儿女，美其名曰天伦之乐，其实从人生深一层的体会来看，没有乐，只有苦，不过人都是喜欢苦中作乐罢了。"很精辟的一段文字，但如何苦中作乐就是仁者见仁、智者见智了。

所以接受选择、创造生活就是一种最好诠释。快乐也是一天，不快乐也是一天，那么，接受婚姻的现实，创造生活、发现快乐，也就一定会快乐幸福。

细细想来，"N年之痒"实际上就是婚姻生活中的某一段时期处于低俗期，就像人的情绪有高潮有低谷一样，只要我们正确看待和面对这段代谷期，把它看成我们生活中的调味品，那我们的生活岂不是会更丰富多彩？生活本来就不会一直风平浪静，只要我们怀着一颗盛满爱的心，用真情、真诚去面对一切，女人们，我们的婚姻生活一定会一直幸福。

七　把婚姻的红灯消灭在萌芽

三十岁，当婚后感情与生活归于平实，没有了以前的浪漫与激情后，心里是否会有失落感？是否会有寻求新鲜的念头呢？

婚姻就像一座房子，当你刚住进去的时候，会感到新鲜而又兴奋，幸福感溢于言表。然而，房子住久了之后，少不了天花板剥落、墙壁开裂、门框不合缝……然而，这些都不应该成为我们轻易换掉“房子”的理由。

婚姻这座房子需要不定期的保养与维修。当我们签下一纸婚约时，同时也填写了保修单。这个保修的责任人不是别人，而是签字的双方。两个人既是婚姻的制造者，又是使用者和维护者。

婚姻外的每一个人都是只有一只翅膀的天使，走进婚姻是为了找到自己的一只翅膀，以便相互扶持、振翅高飞。寻找另一只翅膀的过程是因人而异的，但找到了翅膀就不要轻易折断它，因为再接上的翅膀是残缺的，是飞不高飞不远的。所以，要想维持最初找到的那只翅膀，我们有必要把婚姻的红灯消灭在萌芽，让婚姻的生活过得更精彩。

婚姻的红灯就是外遇。平淡无奇的生活日复一日地延续下去，人们就会萌发寻求激情的欲念。而在滚滚红尘中，也处处充满了诱惑，有对女人的诱惑，也有对男人的诱惑。而诱惑的力量又是如此强大，如果世俗男女的意志力稍微薄弱，就会让婚姻亮起红灯。

但是女人的外遇终究与男人的外遇有本质的区别：

男人即使不喜欢，也会与之纠缠一段时间；女人则总是要培养点“感觉”后，才可以产生外遇。“外遇”这两个字不是这么简单的，至少对女人来说是这样的。

这就注定了女人的外遇要比男人的外遇累一些、麻烦一些，她们的外遇是有一个底线的。而这个底线究竟是心灵的、肉体的，还是其他?

观点之一：在丈夫和另一个男人之间，寻找一种微妙而又刺激的感觉。

持这种观点的女人认为，外遇的底线就是双方受益，谁也不找谁的麻烦。说白了，就是不要期望对方离婚，也不允许对方施加压力，再喜欢也不行。

有相当一部分女人外遇不是因为生活实在过不下去了，而是感到了某种不满足，这一点也许和男人是一样的。不同之处在于男人对外遇的要求不那么严格；女人不行，她必须要对对方“看得上眼”才与之相好。

自己的老公也很好，只是不如从前细心，再也没有了以前的种种心动的感觉，有的只是日子，每天都差不多的日子。更多的时候，你会感到，他就是你的影子、你的手足，你们的生活习惯在靠拢，相互亲热的时间越来越少。

女人开始不安分，这时候如果有一个对她感兴趣又能聊得来的异性出现，对女人来说的确是件令人兴奋的事。通常来说，女人外遇是一种心理上的被人肯定，在丈夫那里消失的东西，在情人那里找回来。

这是一种微妙的平衡。我们都是凡人，我们都仅有一个人生。只是不让婚姻里的另一方知道就好，大家都不受伤才没有负担，才会好好地爱身边的人。对于要求完美的女人来说，这不能不说是一种相对的完美。

观点之二：只有身体没有背叛的外遇才是轻松的。

这种人不是外遇的积极实践者。她们认为外遇的感情里也有很美好的爱情。只是在中国这样一个儒家文化沿袭下来的国度，女人的外遇尤为沉重。

说真的，她们并不喜欢外遇的那种感觉——不能见光的爱，真的会让心很累。如果有一天她们爱上了婚姻之外的男人，她们会离婚，哪怕就只能做他的情人也行，她们不想让丈夫原谅自己，再小心地与她们一起生活，那对他会很不公平。

如果让她们选一种的话，她们宁可选择精神的外遇，那样心理会少一点负罪感。其实，她们这种想法也代表了至少一半的女人的观点。女人说到底是玩不起的，所以，一旦外遇受阻，没有肉体背叛的女人会少很多的压力。

观点之三：女人外遇应当保证有一条回家的路畅通无阻。

女人有外遇的时候，一定要想好，你还能不能找到回家的路，如果找不到，你就要看是不是能输得起，否则的话，还是千万不要搅这浑水。

现在，有很多有外遇的男人，他们总归是需要对象的，而这些对象中有相当一部分是已婚女子。有外遇的女人的数量也在进入21世纪后不断增长。是不是人们对外遇的宽容度在增大？但性别和婚姻决定了这些已婚女子有外遇时常常患得患失，有点游离，还不够彻底。

大多数女人的外遇是在对现任感情失意的情况下出现的。而她们中很多人在面对这种感情时，总有无名的茫然伴随左右。如果没有儿女，也许罪恶感不会那么强；但是如果在为人妻之外，再加一个母亲的头衔，女人们首先想的是不要伤害自己的儿女。

所以投身外遇的女人相比男人来说，总不是那么快乐，即使有快乐也不会像男人们那样享受。男人投身外遇就只是外遇，而女人会幻想把外遇变成新的感情停靠点。

女人对婚姻的期望是以感情的满足为准则的，她们渴望被关心及爱护。而在我们的社会教育中，男性是不可以轻易流露感情的，也就是说，要男人表达心中的感受并不是一件容易的事。有道是“男儿有泪不轻弹”，男人在感情上不善于沟通是女人最大的失望。所以，女人不能满足这种渴求，日积月累，这种被忽略的情绪就会爆发。当一位男性在此时对她表现出关心及倾慕时，女人往往会错把感激之情上升为爱情而出轨。

放纵的结果只能会使我们失去很多本属于自己的东西，失去了享受天伦之乐的机会、失去了家庭宁静的幸福。当人们发现自己原本拥有的东西是最珍贵的时候，也已经失去了这份原有的幸福，忠贞不二使我们的生活多了些平淡，少了些激情，遭遇激情放纵的人也只有到最后才真正知道平平淡淡才是真。

女人可能受到花花世界的诱惑，男人也是人，更容易受到诱惑。有些男人事业有成或发财致富后，追求享乐，他们既不想抛弃家庭，又不愿受家庭的约束，于是以拥有年轻貌美的情人为荣。有位款爷曾这样说：“我这样做，算得上够良心，我不想背着妻子在外面鬼混（接纳了“情人”后，休了发妻，付给妻子一笔巨款）。要玩就玩个自在，玩个心安理得，现在有钱了，找个情人改善一下精神生活，又不赌博嫖娼，有何不好”。这些并没有真情实意，更谈不上爱情，仅以满足淫欲为目的，所以往往像猎人一样猎获情人，像消费商品一样消费女人。如果你不幸成为这种人的情人，结局只有一个：等着被抛弃。

有些男人在家里受到悉心照料，妻子贤惠，儿女绕膝。家庭是他稳固的后方，温馨安宁。然而，他却感到在精神上无法与妻子沟通，生活太平淡，于是他到婚外寻找慰藉。这些人一开始就不想离婚，他需要的仅仅是一个会给他带来欢快的情人。这些人往往显得“浪漫”、“有情调”，使对方为此如痴如醉而不在乎名份，不在乎是否会有结局。其实，这种关系中，受伤害最大的还是那些“第三者”，因为他们为此付出了一切，得到的却是失落和苦果。

也有些男人在还没有弄清楚爱情为何物时便匆匆忙忙结了婚，如果哪一天他遇上了让他倾心的异性，他会不由自主的坠入爱河，他对她的爱是真诚的，情是真切的，并发誓要永远和她在一起。然而当他真的而对妻子，又感到难以启齿，一方面想到一个安宁的家庭将要破碎，孩子将失去父爱，于心不妒忍；另一方面想到社会舆论的压力，忧心忡忡，在这两难之中，大部分人会牺牲爱情，保持旧貌；只有一小部分人会背离家庭，与恋人结婚。

据调查，大多数有外遇的男人都不想离婚，他们喜新厌旧，不求天长地久，但求曾经拥有。那些成为第三者的情人们大多是一些年轻貌美或才智过人的女孩子，她们本来可以拥有一个广阔的天地，可以追求一份真实的爱情，却不幸坠入情网，沦为情人，在三角关系中倍受煎熬却迷途不返，直到头破血流才猛然醒悟。

所以作为妻子，及时发现丈夫言行里透露出来的信息，把“诱惑”消灭在萌芽，将背叛防范于未然是非常必要的。

（1）注意外表

丈夫是否在一段时间内特别注意自己的外表，每天都修面，喷香水，打摩丝，而且喜欢买新衣服新领带。

（2）突然不顾家

有一段时间经常加班、出差、应酬，经常晚回家，又不与妻子交流感情，却急于打听妻子的作息表，这可能是在安排与情人约会的时间。

（3）陌生电话

家里经常有奇怪的电话，你去接时就不出声或打错了，丈夫接时就很明显地变了脸色。丈夫有时会避开你打电话，或在你进屋后马上挂断电话，很不自然。

（4）态度变化

丈夫突然对自己横挑鼻子竖挑眼，十分冷淡、严厉。

（5）外出活动增加

经常对你说出去参加聚会、游泳、打球，又不带你同去。

（6）开销突然增大

每月的开支突然增加却又无法报账。

（7）证据

衣领上有口红印或衣服上有长发，身上有莫名的香味，被朋友看到跟陌生妇女亲热等。

上述征兆若连续或同时出现，则表明丈夫可能有婚外情，应防微杜渐，及时采取对策。你必须不动声色的巧妙出招，使这种温软的、隐约的感情不再成为你们夫妻间的障碍。

（1）以静制动，坐观其变

许多微妙的情感要演变成现实的“玫瑰战争”，往往需要一个契机。换言之，你的爱人只是对与他的知己的“隐性情感电流”很享受，悄悄掩藏在心的一隅，也许并没有思考过这是不是爱的问题。但是，你的指责可能会“一语惊醒梦中人”，使得爱人和知己的关系明朗化起来，而这种结果恰恰是你最不愿看到的。因此，聪明的你应该懂得不露声色，以静制动，以免打草惊蛇。如果你有耐心观望下去，相信爱人的知己会意识到你温柔而坚强的等待是她永远也突破不了的堡垒。

（2）切勿跟踪调查，草木皆兵

发现爱人有了婚姻之外的“隐性外遇”，就草木皆兵地跟踪、调查他在家门以外的情况和行动，一旦被他发觉，都是对夫妻感情的极大破坏，你们的关系很可能因此而恶化。

（3）向爱人的“知己”学习

那个“知己”能够令爱人产生微妙的感觉，那自然是有些地方让爱人喜欢。你不妨试着不动声色地与爱人讨论他所欣赏的女性或男性优点，并装作无意地提起他的知己，借机弄清楚那个“知己”以何种优点占据了爱人心灵的一角，然后把这些优点“偷学”过来，做到她有你也有，你有的她却没有，自然会立于不败之地了！

（4）距离产生美

有时爱人会出现“隐性外遇”，是因为与你朝夕相处没有了神秘感所致，因此，你不妨与爱人保持距离，在他面前显得若即若离，这时着急的该是你的爱人了。因为人往往有这么一种心理，即“得不到的就是最好的”，也许以前是你一直在爱人身边而使他不够珍惜，那么现在如果你表现出有他和没他你一样过得快乐，他便会仔细思考你在他心目中的位置，往往会主动断掉与异性朋友的关系，乖乖回到你身边。

（5）满足爱人的精神需求

你太专注于工作而对爱人有所忽略吗？如果你总是忙得脚不沾家，难得有时间陪爱人聊聊天或一起娱乐，久而久之使他感到精神空虚没有依托，往往会坠入虚无缥缈的“隐形情感”之中。

所以，记住啦！工作再忙也不能成为你忽略另一半的理由，尽量抽时间陪他，哪怕只是一起吃顿饭或简短的谈心，或在工作间隙发则手机短信给他，告诉他你在想念他，当你满足了爱人的精神需求时，他自然不会到门外寻找了。

（6）和爱人的“知己”做朋友

这是化敌为友的一招。既然她可以令你的爱人很感兴趣，为了你和爱人关系的“长治久安”，你不妨大度一些，以亲热的姿态与她相处，然后当着她的面与你的爱人表现出很亲昵的样子，让她觉得尴尬、没趣，而此时你的爱人也只有“哑巴吃黄连”，考虑收心了。

外遇，不啻为婚姻路上最大的障碍，如不及时清除，会将婚姻阻于沟壑，无法继续前行，甚至会将婚姻绊倒。不论男人或女人，在平淡的日子里都可能有外遇。但是，三十岁的女人们如果你还想将这段婚姻继续下去，那就必须想办法停止自己的脚步，或阻止爱人的脚步，让婚姻的这对翅膀永远如此坚强有力！

第五章　自强：三十岁女人职场生存的必然出路

一个女人有了一份自己事业，就不再依赖于谁，就能真正地独立。女人三十岁，拥有一份属于自己的事业，并能做职场盛开的玫瑰，开开心心地畅游在职场，这对三十岁的女人来说是非常重要的。

其实，人有创业型、守成型、大将型、参谋型、才气焕发型、大器晚成型、老大型、独行侠型……总之，人是不能简单划一的。女人也一样，也有独特的个性和风格。

因此，三十岁的女人更要思考，要了解自己到底适合做什么，进而发挥自己独特的风格。女人做事并不一定处处都比别人强，只要顺其自然，尽自己所能就可以了。三十岁的女人在工作的舞台上，应该争取扮演职业技能更全面的角色。不要只是局限在舞台的一角，当个花枝招展的花瓶美人。

每个女人都有自己的特长，但在你年轻时，必须开始有意识地培养锻炼自己，加强自己各方面的能力。这样在30岁时，你就会具备相当的公关交际能力，也才可能具有相当的专业造诣。你可能是位不错的厨师，或者会设计，有组织能力，也许你会擅长与宠物或儿童打交道等等。总之，你自己的特长只能在你有了一份工作，或经历了几份工作之后显露出来，但在这个阶段，这种特长仍有可塑性。

对于女人的事业来说，三十岁是一个重要门槛，三十岁之前是一个厚积阶段，三十岁之后则是一薄发阶段。所以，三十岁的女人们，在畅游职场的同时，不要忘记经常为自己充电，让自己在事业的道路上电力十足。

一　编织完美关系网

按哲学的说法人是社会关系中的人，只要是人，生活在社会上，就必须和别人建立这样那样的关系，不论家庭、工作，还是社会和谐，关系的建立是很重要的。

在职场上，人际关系对个人的发展起着至关重要的作用，良好的人际关系能让你在职场中保持持久的动力，能让别人支持并热情洋溢地帮助你一步步向金字塔的顶峰攀登。

然而，伴随日益激烈的竞争和来自生活各方面的压力，很多不再年轻的职业女性，或多或少存在自闭和保守的倾向，不愿再接触社会新生事物，不愿意参加社交活动，对于一些必须应酬的活动也敷衍了事，甚至连之前的女友也会渐渐疏远……缺乏人际关系的生活，就像是被关在狭小的牢笼中，固步自封。

因此，当女人三十岁时，不应该只围着家庭和孩子打转，而应该走出自我封闭的小圈子，积极与人交往。尤其是对于不再年轻的职业女性而言，如果想要游刃有余于职场，在注重个人内外兼修的同时，更应该着手编织你的人际关系网。几年后，你将会发现身边到处是可随时协助你的“贵人”，一个电话、一个邮件即可解决你烦恼的棘手问题，进而达成你梦想的目标。

（1）处理好与上司的关系

恰当处理与上司的关系，能博得上司的好感、赏识和帮助，有利于自己做好工作，取得进步。

忠诚。上司在用人时不仅仅看重个人能力，更看重个人品质，而品质中最关键的就是忠诚度。只要你真正表现出对公司足够的忠诚，你就能赢得上司的信赖。即使你的上司不珍惜你的忠心，也不要因此而产生抵触情绪。只要你竭尽所能，做到问心无愧，你就在不知不觉中提高了自己的能力，争取到了未来事业成功的砝码。

适度恭维。对上司不恭维不好，恭维过度也不好。所以，在恭维时，要找准确实需要增光添彩的“闪光点”，最好郑重地讲给第三者听。这种恭维，不管是当着上司的面，还是在上司的背后讲，都能起到很好的效果。

尊重。不论上司是否值得你敬佩，你都必须尊重他。如果下属们能够对外宣传上司的优点，一旦风声传到了他的耳中，他就会更严格地要求自己，更加关心部下。

不露锋芒。喜欢出风头是女人常犯的毛病，但无论你怎么优秀，也不能让你的光芒掩盖了上司。否则，容易引起上司的反感和戒备，最终不利于个人的职业发展。

关系适度。你与上司在公司的地位是不同的，不要使关系过于亲密，以致卷入他的私生活中，不然，你可能会招来苛刻的要求，同事的误解，甚至引发不正当的关系的猜忌。

（2）与同事的关系

同事之间关系融洽、和谐，就会使人感到心情愉快，有利于工作的顺利进行，从而促进事业的发展；反之，同事关系紧张，相互拆台，彼此经常发生摩擦，就会影响到你的正常工作和生活，进而影响你的事业发展。处理好同事关系，应注意以下几点：

诚心帮助同事。要与人尤其是同事或朋友建立互助合作的良好关系，就应用心尽力地帮助他（她）们。有时一句寒暄或关怀问候的话，也会令人受用不尽，并赢得同事的接纳与好感。

避免争吵抬杠。在同事相处互动中，难免会因意见、观念不同或利害冲突等情况而争辩或吵架。此时要懂得心平气和、理直气柔的道理，且能适时退让一步，以消弥无益的纷争，确保双方关系不会遭到破坏。因为口舌争辩是没有胜利者的，即使你能说得对方哑口无言，对方也会因自尊心受损而怀恨在心，即便赢了也是输。

善于“示弱”。因为工作出色或者接了大业务被上司表扬提升，不要自视甚高，而要学会和善于“示弱”，只有这样，才能提升自己的职业魅力和职业影响力。否则，会招人嫉妒，引来不必要的麻烦。

不散播私事。就算你性子直，就算你在工作上受了多大冤屈，也不要把对工作的意见或是私人生活上的事四处散播，或是添油加醋地在别人面前说三道四，一来因为办公室不是你找心理医生的地方，没有人有义务当你的情绪垃圾桶；二来会影响同事间的友好与团结，甚至会毁坏你在同事心目中的形象。

物质往来要一清二楚。同事之间可能会有相互借钱、借物或者馈赠礼品等物质上的一些往来，但切忌马虎，每一项都应记得清楚明白，即使是小的款项，也应记在备忘录上，以提醒自己及时归还，以免遗忘，引起对方不愉快，否则，将会降低自己在对方心目中的人格，你的人际关系也会慢慢受到影响。

（3）与下属的关系

如果你是一个上司，带领一个团队，下属则是你的绩效伙伴。下属的成绩直接关系到你的成绩，下属干得好你才能干得好。所以，与下属建立共赢的伙伴关系十分重要。

激励和赞美下属。金钱在调动下属们的积极性方面不是万能的，而赞美恰好可以弥补它的不足。因为生活中的每一个人，都有较强的自尊心和荣誉感。你对下属真诚的表扬与赞同，就是对他（她）们价值的最好承认，能激发他（她）们潜在的才能。但要记住：对于男下属，这种赞美要有分寸，否则，别人可能误会你对他有意，而令你们尴尬。

关注下属的职业生涯。你应定期与下属一道共同商讨他（她）的职业生涯规划，讨论绩效改进和个人能力提升计划，真诚地指导下属存在的问题以及努力的方向，使下属不断进步。只有这样，下属才会与你同行，与你共赢。

对男性下属不得优礼有加。女上司往往面临着多方面的压力，由于性别歧视，还面临着有些男性下属不愿服从的麻烦。因此，对待这类男性下属，你没有必要优礼有加，处处谦让，否则，他会看扁你。而应拿出上司的权威，让他感到你不是吃素的。当然，若能恩威并举，是最有效的。

不要在下属面前流眼泪。女性很容易用眼泪来要求想要的东西。但在工作中，这种女性化的情绪表现却是不能容忍的。虽然这一哭，可能会立刻得到同情，但这只是一刹那间的事。从长远的眼光来看，不但有损你的威严，也对你的事业形象有害。在有些情况下，男人能接受某些女人的眼泪，但对一位上司却绝对不能。

俗话说：一个好汉三个帮，一人成木，二人成林，三人成森。成功的事业是以和谐的人际关系为根基的。关系网是女人终生受用的无形资产和潜在财富，它既是女人储备能量的地方，也是女人成就事业的资本。因此，拥有成熟心态的三十岁女人，更应该注意编织这张人际关系网，积聚人脉。

二 让职场有女人味

一提到职场，所有古板的规则就浮现在人们的脑海中。似乎女人一踏入职场，就应该把性别差异一脚踢开。似乎在职场里凸显女人味，是一种懦弱的表现。但是现实却是，让职场有女人味却可以更容易成功、更容易取得成就。

三十岁女人如水般充满柔情，在职场里女人要懂得示弱，貌似天真，才能获得别人的帮助，如果你看上去咄咄逼人，别人心里早有戒备，那你就寸步难行了。

女人味既可以是策略上的示弱，以柔克刚，使自己占据主动，也可以是技巧性地回避矛盾，解决问题的方式，会使自己养成逐渐成熟的职业习惯。

在男性终究强势的职场上，女人想要打下一片江山，必须学会运用“女人味”，必须表现得比男性更精彩才能出人头地。因为女人通常很少参加男性的社交应酬，很少和他们一起举杯狂欢，一起胡侃足彩，很少和他们一起讨论美伊局势，也很少和他们一起谈论美眉。

甜美的笑容，得体的装扮，娇嫩的嗓音，温柔的气质……这些都是女性的独特的“味道”。现代女性不应再扮演冰山美人，板着脸孔坚决维护“男女授受不亲”的古训，反而应该善用“女人味”，在自己的周围营造一种和谐的工作气氛，并凭借自身的实力和才干，用女性的魅力包装自己，以寻求出人头地的机会。不过这里说的是“女人味”，不是教你脑袋空空做“花瓶”，以美色迷惑男人，更不是要你穿迷你裙、露大腿勾引上司，什么成绩都没有，光凭色相获得高薪。那只能被别人所不齿。

女人味是一种优雅的魅力，能让女人在追求事业的时候获益良多。只要有魅力，即使不是美女，依然有着动人的“女色”。

比如一位会使用“我错了”的女经理，无论对下属或是上层，她一定能比一位开口必是“你错了”的女经理更能被别人接受，更能游刃有余。当争端出现，“你错了”就意味着孰是孰非的辩论姿态，而“我错了”发送的是求和的信号。争强与示弱，会导向两种截然不同的结局。

公司同事可以是你传递“女人味”的媒介，而现代的一些科技手段也可以为你所用：比如MSN、QQ、公司内部BBS等。传递“女人味”不是要你有事没事和男人打情骂俏，而是要你保持亲和力，脸上时时带着笑容，让男同事了解你，欣赏你的魅力。

女人具有温柔的先天特质，女人柔弱的特质，在男人眼中绝对是优点，而且也是督促他们努力表现的最佳动力。当你和办公室的男士意见不统一时，先别争吵得脸红脖子粗，应该保持风度，维持笑容，气定神闲，甚至可以摆出一副低姿态来促成僵局得到有效化解。大部分男人都是吃软不吃硬的，当你摆出愿意妥协的姿态时，他往往会先被你所软化，妥协得比你还彻底。后发制人也未尝不是一个好办法。

女人要建立个人的工作风格，是不要太男性化——冷酷、倔强、果断，也不应太女性化——软弱、情绪化、被动、犹豫不决。许多男人都认为女性不懂得控制自己的眼泪和情绪，因而所做的决定是不值得信任的。如果你想大哭，你最好找个没有人的地方发泄一下内心的郁闷。若能在适当的时候、适当的男性面前运用“泪弹”，也未尝不是一个好办法，含泪欲滴，低声哭诉，或许更能博取同情，达到自己的目的。

当你的身心不堪重负，悲伤、恐惧的时候，请务必学习自我调节，调节自己的心态，你可以向父母撒娇，你可以向老公或男人撒娇，但生活不容许你的撒娇。要学会控制情绪和眼泪，勇敢面对失败和压力，只有这样，才能赢得男人的尊敬和同事的认可，为自己赢得那片晴朗广阔的天地。

女人并不是天生感性的动物，她们完全可以像男人一样理智。一个能恰到好处展示自己威严的三十岁女人，会让人觉得既亲近又不可侵犯。她们善于在众人面前喜怒不形于色，摆出能驾驭所有人的气概。这样的女人既有女人的独特魅力，又有男人游刃于职场的气概，事业成功近在眼前。

三　学会职场加减乘除法

如今有一种流行的说法叫做“29岁现象”，意思是：青春的有效期至29岁截止，一到30岁，就会被打上“过期”的印记。

30岁就“过期”，也实在太夸张了些。不过，在很多招聘会上，用人单位打出“年龄：35岁以下”这样的要求的倒也不在少数。所以30岁似乎用“准过期”比较合适。

一位人力资源部经理说：“我们在任用30多岁的女性时会遇到比较多的问题，把她放在低职位上，和年轻人一起竞争，不太合适，但放在高职位上又没有把握，而且，她们很多人缺乏足够的经验，需要很投入地工作，但是她们羁绊太多，时间、精力都不能保证。”职业的处境如此尴尬，是该一直这么往前走，还是停下来歇歇会更强些？

从伴随年龄而来的各种责任来看，30岁的女性确实面临着更多的挑战和压力。相对于年轻女性而言，30岁的职业女性在家庭和事业之间可能面临着更多的矛盾。譬如，已经到了不得不考虑要孩子的年龄，然而生孩子却意味着你要跟工作，跟自己的社会角色脱离一段时间，意味着你的发展会停滞一段时间，等你生完孩子回来之后，你可能不再适应自己的工作或者你的地位已经被取代，你的提升可能会延误甚至错过时机，你的老板可能不再欣赏你等等，越来越多的现代职业女性都在努力寻求着事业和家庭的平衡点，希望能够情感、婚姻、家庭、事业，鱼和熊掌兼得。

职场要完成新老更迭，就势必会出现一批精干的年轻者，他们出色的

表现在潜意识里给这些30岁的职场女性造成了一定的生存压力。难道30岁的职场女人就真的老了吗？她们就真的需要退出职场的历史舞台吗？面对这一问题，下面的“加、减、乘、除”四法也许能缓和30岁女性的职场危机。

加：加强与职场新人的沟通和磨合。职场没有敌人，只有榜样。30岁的职场“老人”应该主动与职场“新人”沟通磨合，这样不仅能给对方留下平易近人的良好印象，而且能令自己很快地融入他们的团队，意识到自己的缺陷，学习到自己所欠缺的东西。这个世界变化得太快，如果这些职场“老人”不主动与他们接洽交流，就等于把自己推向了落伍的地步。

减：减少对工作待遇的期望值。为什么要和公司新来的那个25岁的博士生同事相比呢？为什么非得要求自己的薪水待遇比人家高呢？这是一个待遇期望值的问题，很多时刻是因为你的希望大所以你的失望才大。不权衡一下自己的分量，一味地要求自己各方面的待遇非要比其他人高，这是一种十分危险的想法，古语云“量力而行”。

乘：保持上乘的体力和精力。毋庸置疑的是，人一旦步入30岁这个年龄门槛后，由于多方面因素的影响工作热情会有所消退，而且更重要的是身体健康状况也会明显地出现问题，很多时候会感到力不从心。“身体是革命的本钱”，想要在工作中表现得更好，就必须拥有一个健康的体魄和旺盛的精力。所以女性职场“老人”想要保持上乘的工作热情和体力精力，就必须从现在开始注意自己的身体健康，本着为自己负责的态度，加强体育锻炼，制定相关的健身计划。只有这样他们才能有与年轻人相抗衡的本钱。

除：除去“倚老卖老”的心态。很多30岁的职场人都算得上是公司的元老级、重量级人物了，正是因为早期她（他）们辛辛苦苦的奋斗拼搏，才有了公司现在的成就。所以她（他）们大多都有一种强烈的优越感，认为自己在公司的作用至关重要，理应得到公司特殊的优待和特别的尊重，特别是那些刚来的新同事更应该对自己礼让三分。这是一种非常典型的“倚老卖老”的心态，这在职场中实际是行不通的，你如果每天都抱着“我是元老我怕谁”的心态来与同事相处，难免给他们留下盛气凌人的不良印象，所以要彻底除去。

天下女人怕老多过怕死的，年龄不折不扣是女人的天敌。随着时光的巨轮日益逼近，耳听着身后隆隆作响的声音，30岁的女人们怀揣着一颗卜卜乱跳的芳心，一路狂奔——跑啊跑，否则就要青春不再；跑啊跑，否则就要万劫不复。

其实说到底，所谓女人30一道坎的存在，表面上看来是年龄因素造成了职业发展的瓶颈究其根源，还是一个有没有明确的职业发展方向，有没有为自己的职业发展做一个切实可行的长期规划，在不同的职业波段，有没有建立起那个职业波段应有的核心竞争力上，有没有把工作、家庭、心理做一个很好的调节和平衡的问题。如果这些问题解决了，我相信：年龄非但不是问题，反而只会成为你在那一职业发展阶段的最大优势。

事实上，辉煌的成功者毕竟很少，机遇和能力总是有分别的，只要竭尽所能，展示优秀的一面，做得有声有色，自己满意，就可以了。有人说，在职场上的女性要永远像30岁，从不幼稚，也永不变老。

职场是一个没有硝烟的战场，女人，尤其是三十岁的女人要畅游在职场并不是一件很容易的事。但是，年龄不应该成为女人在职场进取的障碍，而应该是一个有帮助的有利因素，只要我们学会职场加减乘除法，用心巧织职场关系网，让我们女性独有魅力尽情挥洒，女人将在职场游刃有余。

四　消除职场的“年龄隔阂”

信息社会的到来，带给人们的是速度危机。可能你本来在公司是四梁八柱的人物，忽然有一天发现自己被冷落，再观察四周，全都是朝气蓬勃的二十多岁年轻人，自己在不经意间已经从当年初入职场的青涩新人，一不小心变成了所谓的“职场老人”，各方面力不从心，心力交瘁，职业倦怠，薪酬瓶颈，如同一个曾经大红大紫的当家花旦，一瞬间变成了扛着小旗跑龙套的，心情跌落到了谷底。三十岁，真的要退居幕后了吗？

更令人沮丧的是，与新人们一起共事，便无法回避“年龄隔阂”的存在：中午吃饭时的短暂休息时间，同事们往往会聚集在一起谈天说地，可惜你总感觉到插不上嘴；周末同事们一起去蹦迪、泡吧、聚餐，也很少邀你同去。很快，你便发现“年龄隔阂”使自己陷入一种孤立的尴尬境地。因此，消除职场的“年龄隔阂”迫不容缓。

（1）摆正心态

公司里一批又一批新人的到来，会让你感到扑面而来的巨大压力，难免会产生一定的抵触情绪，从而有碍同事关系的和谐。要知道，企业要想不断发展和延续，就必须吸纳新人。新鲜血液的注入，可以使企业充满活力，也可以激发职场老将的竞争意识，造成“鲇鱼效应”。因此，你要摆正自己的心态，树立整体观念。在与新人的竞争中，既要有赢的信心，也要有输的准备，就算竞争失利也不必气馁。能够承受别人比你强，才是一个成熟的职业人。千万不能因为多了一个强有力的竞争对手而心慌意乱，那样只会给自己带来更多的困扰。

（2）积极应对

“职场老人”们最大的劣势就是知识老化，面对朝气蓬勃的新人，你应该有适当的危机感，并且把这种危机感转化为学习充电的动力，以使自己的知识面和职业技能“保鲜”。这种危机感不是盲目的恐慌和嫉妒，而要积极地应对压力，像伐木工人一样不时磨磨自己的斧子。新人看到你面对压力学习充电，自然也会对你刮目相看。

（3）不要“倚老卖老”

很多“职场老人”都算得上是公司的元老级人物了，所以，自然而然有一种强烈的优越感，认为自己在公司的作用至关重要，理应得到公司特殊的优待和特别的尊重，尤其是那些刚来的新同事更应该对自己礼让三分。这是一种非常典型的“倚老卖老”的心态。在职场中，这其实是行不通的，你如果每天都抱着“我是元老我怕谁”的思想来与同事相处，时间长了难免会让人生厌，给人留下过分傲慢、盛气凌人的不良印象。这对于你来说是十分不利的，所以，要彻底除去这种心态。

（4）主动帮助新人

“职场老人”经验丰富、对环境熟悉、人际关系广，工作起来自然轻车熟路，所以，在工作中，应该起到“传帮带”的作用，以指导和帮助新人尽快适应工作。这样不仅能使新人尽快提高工作效率，对你产生信任，也能巩固和提高自身的职场地位。但是，应注意一点，在做好“传帮带”的同时，注意给新人一些独立的空间，否则，新人艮可能会认为你这是在炫罐。

（5）学会引导新人

年轻人大多追求个性，做事未免情绪化，这时候，作为“职场老人”的你不应该一味地对其批评，而应以引导、激励为主。新人初来乍到，一些不懂规矩的地方，除了委婉指出，你还应学会宽容。时间一长，新人也会明白你的一片苦心，必定加倍努力工作，并对你心存感激。万一遇到有些新人因年轻气盛，不服“管束”，对你投以恶意或带有挑衅的言行，要尽量以委婉又不卑不亢的态度化解，避免与之正面冲突，这样可以显示出你的大家风范以及处理突发事件的应变能力。反之，大发雷霆的结果只会把情况弄得更糟，不仅解决不了问题，而且会给人留下“暴脾气、不好相处”的印象。

（6）加强与新人的沟通

职场上没有永远的敌人，只有永远的榜样。所以，“职场老人”应该主动与新人沟通磨合，这不仅能给对方留下平易近人好处事的良好印象，而且也能使自己很快地融入到他们当中，清醒地意识到自己的不足，学习自己所欠缺的东西。作为职场新人的年轻一代，与生俱来的种种特性使他们时刻走在社会潮流的前沿，如果“职场老人”不主动与新人接洽交流，就等于把自己推进了落伍的旋涡。

（7）多与新人一起活动

俗话说“趣味相投”，只有共同的爱好、兴趣才能让人走到一起。对于现代的职场女性而言，一般都有可观的收入，加上乐于享受生活，所以，在闲暇之时，她们喜欢去郊游、烧烤、蹦迪、泡吧，娱乐生活丰富多彩。为了融入新人的精神团队，你不妨试着让自己去接受他们的一些爱好和兴趣，邀他们一起行动。这不仅能让你获得更多的快乐和放松，缓解内心的压力，更有助于培养和谐的人际关系，从而在工作上“配置”得更好。

（8）只对工作不对人

每个人都明自己的喜恶，但切记勿将自己的喜恶带入职场。新人可能都很有个性，有自己独特的眼光，当他们穿着翠绿的衬衣、桔红色的裤子，头发烫成金黄色，还戴着宝蓝色的蝙蝠型眼镜，像个精力旺盛的孔雀从你身边走过时，也许他们过于“前卫”的衣着打扮或是“开放”的言谈举止不是你所喜欢的，甚至为你所讨厌，你可以保持沉默，但不要去妄加评论，更不能以此为界，划分同类和异己。你最好能多点“兼容”，这样才能赢得他们对你的尊重和支持。相反，要是为此而惹恼他们，那你会树敌过多，以后的处境就大大不妙了。

人说三岁一代沟，女人三十岁，与刚入职场的年轻人至少也有一个代沟。职场的“年龄隔阂”有时也是一个很大的问题。但是既然能有缘共事，而我们三十岁的女人又是“职场老人”，处理好与新人的关系，形成良好的团队关系，这对于个人发展、企业发展都是有很大好处的，成熟而理性的三十岁女人要想畅流在职场，吸取新人的活力与创新力，突破原有思维局限，有利于“职场老人”事业的广阔发展。

五　突破职业“瓶颈”

有人说当代是女性崛起时代。职业女性们在各行各业中都有出色表现，淋漓尽致地发挥着温柔、细腻、善解人意等女性特质，头顶半边天，为社会贡献着自己的才干，创造着财富。

然而，尽管当今女性的职场地位日益提高，女性在职场中仍然要面临诸多挑战，包括来自社会固有观念的禁锢，来自性别差异的不公正等等。特别是当女性到了三十岁时，生理上开始发生变化，心理上的疲惫倦怠，晚生后辈的奋力追赶，会使她们失去锐气和动力，职业开始遭遇“瓶颈”，处在一种停滞不前、难求发展的状态。

于是，一些女性开始厌倦超负荷的工作，向往“朝九晚五”的平凡小职员生活；另一些女性则开始向往相夫教子的家庭生活，甚至会选择回家，成为所谓的“粉领一族”。本来可能会有一个很好的前途，却因为不能及时调整和突破，铩羽而归，令人惋惜。

（1）确定发展的目标

女性想要在职场上担任要职，一定是很早就已经抱持“我要在职场闯出一番成就”的决心。她们不会抱持“等哪一天出现一个白马王子救我脱离苦海”的天真想法。她们知道，在职场上为自己定下什么样的目标，往往就会取得什么样的结果。例如，为自己定下“要在几年内成为女性主管”的目标，并且有计划地去完成目标，自然就有成功的机会。反之，如果一点具体目标也没有，成功也不会从天而降。

（2）自信

许多男性高层人士表示，在选择主管时，他们不是不想提升女性，但女性员工总给他们一种“毫无自信心”的感觉及印象。

比如，许多女性跟上司谈话时，无论所谈的是什么话题，都会不自然地紧张起来。首先是声音突然比平日高或低；面部肌肉不听使唤，变得似笑非笑；身体语言太多，为了保持镇定而不自觉地动身体、运用太多的手势等。这一切，都会让上司认为你缺乏自信心。

职场即战场。倘若你想要获得晋升，就要在上司面前树立自信的形象。比如，与上司谈话时要视线集中和直视他，面部肌肉自然微笑、镇定。

（3）勇于接受挑战

与男性相比，女性往往容易退缩，对于未曾做过的工作，总是显得迟疑不决，也因此错过许多表现的机会。而成功女性则不愿错过任何表现的机会。她们知道，对一件工作即使不是完全熟悉，还是可以边做边学，而且要充满信心上场接受挑战。即使做错，也能得到宝贵的经验。例如，当上司要给你升任主管的机会，有潜力成功的职场女性不会以“我没当过主管”为理由而退却。

新挑战充满了不确定性，但也意味着新的成功机会。何况，在职场上，上司最喜欢的员工，是可以放心授权的“将才”，而不是畏畏缩缩，无法担起大任的小兵。

因此，你应该勇于接受挑战，接下别人不敢接的工作，也因此，你的职业生涯可能发生质的变化，可能真正突破职业的“瓶颈”。例如，你可以勇敢接下大家都觉得棘手的工作，借着这些工作的锤炼，积累职场经历，并且激发自己的潜能。

（4）适当包装自己

相貌对女性的职业发展的影响不可小觑。一方面，长相一般或相对较差的女性常常得不到老板的青睐，在工作过程中常常处于弱势；而另一方面，漂亮的女性又往往被认为只是一只“花瓶”，能力容易被低估，客观上给事业的进一步发展带来了障碍，若想取得成功，也必须付出更多的努力来证明自己。

当然，很多职业女性已经懂得，身在职场就应该根据企业文化、公司环境和工作职责来恰当地包装自己，体现职业女性的知性、成熟、干练。

（5）做个“多面手”

综合能力是职业女性取得发展的不可或缺的又一能力。今时今日，在公司里最重要的乃是那些“面面具圆”的多面手，因为她们既拥有专门技能，同时又可以灵活地应付其他方面的工作。因此，在拥有专门技能的同时，应该不断地拓展自身的能力，并在适当的机会表现出自己是个多面手，即使遇到公司削减经费或裁员时，公司仍有理由把你留下来。切记不要让上司以为你的能力仅仅局限于此。

（6）克服情绪化

男性天生被赋予低沉的嗓音，即使发脾气，也不会让人觉得情绪化；女性天生声音高亢，当她发脾气的时候，容易让人有情绪化的感觉，甚至会让人因此怀疑你的工作能力。即使你最终完成了工作，别人也会想：“她不太适合担当重要责任，她太女性化了。”这样一来，年终晋升的机会就会被别人抢走。

情绪化确实是女性最常被质疑的地方。所以，不管你多努力、多累，或多生气，“保持笑脸、放轻松”的确是职场女性必须学习的功课，也是你突破职业“瓶颈”最神秘的武器！

（7）寻找新的发展

是继续这样下去还是另辟蹊径，是替人打工还是自己创业？很多在一个公司呆得时间太长感觉没什么发展的职业女性都一直处在犹豫之中，一方面放弃不下眼前的高薪，另一方面又想要谋求更好的发展，就这样在矛盾中度过了一天又一天。

这样做不是明智之举，人在职场，如逆水行舟，不进则退。如果长时间陷入职业发展“瓶颈”而不积极寻求突破，只会让自己丧失更好的发展机会。所以，职业女性应该学会审时度势，当发现目前正在从事的职业不能再让自己获得进一步发展和提升时，不如主动出击，找寻新的职业发展出口，以期获得更大的成功。当然，这也需要相应的能力。

职场发展的“瓶颈”是每个人都可能会遇上的，不论男人还是女人，关键是遭遇到职业“瓶颈”之时，如何化解，如何突破，而选择逃避实属下下策。如果能及时调整职业规划，冲破年龄和性别的能力，肯定能找到职业生涯的又一个“春天”。

30岁的女人面对来自职业和家庭的双重压力，时常会经历双重角色的强烈冲突。譬如，已经到了不得不考虑要孩子的年龄，然而生孩子却意味着你要跟自己的工作、自己的社会角色脱离一段时间，意味着你的发展会停滞段时间。意味着等你生完孩子回来之后，你可能不再适应自己的工作或者你的位置已经被取代，你的提升可能会延误甚至错过时机，你的老板可能不再欣赏你等等。类似的问题可能经常发生，我们身陷其中，似乎无法看到出路。

作为既重感情又重事业的现代女性，你感到要兼顾家庭和事业真的好难也好累。但是，如果我们能够及早规划自己的人生，合理安排自己的生活及职业节奏，问题会容易解决得多。

制定个人的生活和职业发展规划，应该将影响自己的方方面面的因素都尽可能考虑在内。首先，你要分析自己的现状，确定自己在哪里发展，自己拥有哪些资源；然后，你要确定自己的人生目标，包括事业的，婚姻的，家庭的……在这个过程中，因为你并不是个人在生活，而且你的决定可能会对你的家庭产生重大影响，所以你必须与家庭成员进行充分的沟通，使大家尽量能够达成一致获取得家人的谅解和支持。

确定目标后，你还必须制定出达成每一个目标的时间表和优先顺序，并协调某些目标之间可能存在的冲突。

最后，你要找出目标和现状之间的差距，找出可行的解决办法。比如希望能在35岁之前成为专业领域内的技术专家，同时你的生活目标是做个好妻子、好母亲。但现实的情况是家庭需要你投入更多的精力，使你无法腾出更多的时间谋求专业上的提升。为了解决这个矛盾，你可以寻求父母的帮助，或请保姆来帮助你减轻生活负担，将节省下来的时间用于工作和学习，同时安排适当的时机与家人相聚。当然，遇到实际问题时这样解决还是有点难度的，我们也可以寻求专业的职业咨询机构来帮助我们。

尽管生活很复杂，对于30岁的女人来说，年龄绝不是阻碍我们发展的绊脚石。只要我们明确自己真正的想要，并及早做出合理的规划，我们就可以面对和承受更多的挑战和压力，取得更大的职业成功。

三十岁的女人容易遇到各种职业的瓶颈，比如精力，比如创意，但失去雄心的女人就像鸟儿失去了翅膀，很容易陷入生活的牢笼中，没有职业规划、没有职业目标的女人在职场犹如无头苍蝇，不知该走向何方。胸怀大志的女人们知道，委屈求全只能让她们失去更多，因此她们总是向着更高的目标展翅高飞，只要有可能，她们就会乘势而起，不断向那些常人看来不可能实现的目标挑战，这就会让职业的瓶颈势如破竹，那女人的事业定会如日中天，找到职业生涯的“第二春”。

六　定时为自己“充电”

在竞争激烈的职场上，一纸文凭的有效期是多久？当你必须向别人出示你尘封已久的证书时，是否会怯场，感到没有底气？为了让自己不至于被时代的车轮碾碎，不断充实自己，掌握新知识，淘汰旧知识就成了三十岁女人在职场里的生存之道。

或许当你拿到金灿灿的学历时，曾经还是可以傲视群雄的。可劳碌几年后，猛抬头，才发现知识和技能的发展日新月异，学历飞速“贬值”，眼见着学弟学妹们揣着硕士、博士学历，意气风发地加入到自己的行列中，使自己在诸多方面受到限制，如加薪、升职的机会等，不自觉地就会有种“时不我待”的紧迫感……

是的，在如今藏龙卧虎、新人辈出的职场之中，如果你想单靠原有的一张文凭、一种技能在职场立足已几乎不可能。你必须居安思危，不断充电，学习掌握新知识和新技能，才能让自己“不贬值”，才能让自己在职场中时时拥有竞争力，永远占据一席之地。

（1）知识充电

读书亦有章可循。当前出现的“读书热”是对过去读书无用论的否定，很符合社会的潮流。不过，在这种可喜的现象里，很多人身上出现了另一个问题：急躁、沉不住气，恨不得一个早上将所要读的书读完，恨不得一下子变成大学问家，如此急功近利之心态也是很不利于读书的。

那么该如何读书才是最好的呢？

第一，根据自己的需要读书。马克思说：“书是我的奴隶，应该服从我的意志。”这就是说读书要有目的，要有用，而不是为了时髦。现在有很多人不是根据自己的需要，而是根据社会的“时尚”，社会流行什么书，他就读什么书，模仿为主，缺乏读书的个性，这样的书是读不好的。

第二，根据自己的爱好、兴趣去读书。这样才会有动力，才能持久。切忌“心血来潮”，尽管它也是一种兴趣，但决不能维持长久。太滥、太泛的兴趣不是真正的兴趣，读书不能被这种兴趣牵着走。

第三，要根据自己的不足去读书。每个人有其所长，但肯定有所不足，那就用书去“弥补”。如大文学家培根说：“读史使人明智，读诗使人灵秀，数学使人周密，科学使人深刻，伦理学使人庄重，逻辑修辞之学使人善辩，凡有所学，皆成性格。”

现在有很多人崇尚名著。其实，世界上的名著实在是太多了，差不多每一个领域都有，作为单个人，无论是时间、精力、物力、财力都是无法将这些名著全读完的。而且每一本名著都有它深刻的历史背景和学术价值，一个人如果没有那个方面的知识基础，怎能去理解？

有不少人名著确实读了不少，但是收益不多，究其原因就有个读书方法问题：读书要精，不能贪多嚼不烂；读书要勤，不能三天打鱼，两天晒网；读书要循序渐进，欲速则不达；读书要思、要批判，不能盲目全盘接受。读书要用、不能读死书。惟有这样的读书，才能大有益。

如今社会掀起了家庭书架之热，好心之人还为其“配备”了必读之书目。应该说有家庭书架比没有书架要好得多，越是现代化，家庭文化生活就越重要，而不应该是文化的真空。但是，不能将它形式主义化，将它作为显示自己高雅的装饰品；不能将家庭书架的书“千篇一律”，更不能一劳永逸。家庭书架要有主人的特色，要个性化，要不断更新。

总之，读书只是为了弥补自己知识的不足，不是为自己的面子读，不是为他人读，不是为了做样子读。

争分夺秒地学习经验。大多数人在就业前是并未受过良好专业训练的，他们之中的一些人之所以成功，关键在于能不断地学习经验，不断地总结，头脑时刻保持机警，善于寻找机会，捕捉机会而已。那么，从哪些方面去积累经验呢？

首先，要精心收集各方面的资料。凡是与你的业务、公司相关的资料与信息，你都要收集起来，全面了解，这样，你便会从一个简单的提要里看出一个计划的构想和完成，甚至还能向上司提供建议，以供决策。

其次，要争取主管的信任。争取主管的信任，使你能获得较多的工作机会，这样便增加了学习经验的机会。

第三，要协调好各方面的关系，说话能引起共鸣，这样，同事们就乐意把许多经验告诉你。

第四，为了积累经验，暂时赚不赚钱无所谓。

第五，不要放弃一切学习经验的机会，哪怕在假期也是如此。

第六，不要因为为了文凭而放弃现有职业，只有实践才是积累经验的良机。

第七，要做个开拓者，敢于辞去现有的工作，到未知的领域去尝试，不要墨守成规，要有创新精神。

第八，新构想来自积极的思维活动，懒惰的脑筋是总结不出什么经验，提出积极性的设想来的。

有了丰富的经验，工作起来便镇定自若，自信心强，效益明显，还怕把握不住成功的机会吗？

提高效率是关键。美国前总统本杰明·富兰克林有一句名言："时间就是金钱。"中国有一句俗话："一寸光阴一寸金，寸金难买寸光阴。"仔细一想，的确有些道理。

表面上看来，时间对于每一个人都是相当公正的，但每个人在同样的时间里做出的事情，即对时间的利用率很不相同。这与每个人的工作方式、个性特点有很大关系。有的人心中记着时间，学习或工作的时候拼命干，玩的时候尽情畅快地玩。有的人似乎整天都在工作或学习，但情绪不高，“身在曹营心在汉”。有的人工作学习无顺序性，时断时续。如刚坐下思考一个问题，就想去泡茶水。问题想得刚有个眉目又想去取报纸。这是懒得思考的自我保护。有的人长时长用，有的人长时短用。如学生复习考试，有的学生一门课要反复复习三、四遍或五、六遍还放心不下，临考前还要开夜车；有的人最讨厌马拉松式的复习，喜欢一两天速战速决，且效果并不比前者差。

这里的关键在于效率。现在还流行一个著名的口号，效率就是生命。大概弥补了以时间作为惟一尺度的不足。那么怎样才能提高工作的效率呢？

在智力高潮期做重要的工作。一位心理学家提出，人的情绪高低波动的周期是28天，体力周期是23天。之后，另一位心理学家发现人的智力高低波动的周期是33天，人处于高潮时，精力充沛，情绪激荡、思维敏捷；处于低潮时力不从心、情绪激动、思维迟钝、身体疲劳，易出事故、容易生病等。怎样推算一个人的这3个周期呢？

首先算出从出生到当天的天数，其次，用智力周期33、情绪周期28、体力周期23分别除以总天数，结果，得出了3个余数。最后，对比余数，这是你在这一天3个周期的位置。在智力高潮时，应当去解决最难的思维问题，用低潮时间休息和处理生活上的事情。

利用最佳工作时间。心理学家把人一天的工作习惯分为“百灵鸟型”——清晨工作、“猫头鹰型”——夜间工作、“混合型”——连续工作等类型。在一天高效工作时间里，能高速度、高质量解决最复杂、最重要、最需要创造力的高效时间，就应该确定利用这段时间的工作制度，绝不要朝令夕改。

学会统筹，抓住重要工作。首先要理顺一些完整工作的顺序；其次，互不关联的几件事可以同时处理。如早晨只有50分钟吃早饭，但这段时间里还有几件工件：把孩子叫醒、穿好衣服、做面食、生炉子、蒸馍、吃饭。用上列顺序去做，可能要用80分钟。若按生炉子、做馒头、同时蒸锅里烧水、水开了蒸馍，利用蒸馍的时间给孩子穿衣服，衣服穿好了一起吃饭出门的顺序，时间不是就省多了吗?

重要的事往往不一定是迫切紧要的事。谁能处理好这个关系谁就能取得高效率。许多人将时间压得最长的事先办，找上门来的事先办。这叫紧急办事模式。昨夜暴风雨成灾，房屋进水的住户纷纷来要求防汛办公室派人到新村里筑围防水，或者要求派人帮助搬东西；水正漫进新的街区；居委会负责人在办公室吵着快派水机排水；最后一件事请电工把昨晚因狂风吹断的汲水泵站的电线接通后外河放水，作为防汛指挥部的负责人先处理哪些事呢？当然是接电开闸放水，因为这件事虽非迫在眉睫的事却对全局排涝起关键的作用。如果简单地按单向排队来办事，就可能作茧自缚，难以从事务中脱身。为了提高工作效率，应该把工作分为：必须做好、立即做好的；应该做好但可以不久以后做好的；可做可不做的等等。为了集中精力做重要的事，应放下不重要工作。

只有充分利用时间并建立高效能的时间观，才能从有限的时间里挤出最高的价值。

（2）技能充电

纸上得来终觉浅。任何事物的认识都有一个从感性到理性的过程。光从事物的表面看不出事物的本质，要想认识事物必须有一个逐渐深入的过程。同样，在工作中，技能的积累和熟练程度是在不断的摸索中逐渐完善的，若要想在工作中立于不败之地，必须不断地进行技能充电，这就要求一定的实践过程。

第一，认识来自实践

“纸上得来终觉浅，绝知引事要躬行”这两句话阐述了一条非常质朴又很"倔犟"的真理：认识来自实践；艰苦的有风险的实践乃是锤炼意志、增长才干、坚定信念的大熔炉；检验对不对、懂不懂的惟一标准只能是实践。

我们既首先肯定人是环境的产物，又强调人是环境的改造者，是主人。这才是辩证的实践观。友爱融洽的环境易于形成善良，威吓严厉的境遇易于导致软弱，民主平等的气氛易于塑造刚正，冷漠孤寂的氛围易于导致粗暴；复杂多变的情况易于塑造稳重，宠信恭维的氛围易于造成任性；成功喜悦的心境易于培养自信，受贬受挫的气氛易于导致自卑；互助切磋的环境易于让人虚心，过于顺利的条件易于产生骄傲；考验不断的环境易于培养机敏，侥幸取胜的进步易于油滑；忧患当头的岁月易于产生远虑，崇尚空谈中易于助长迂阔……

重新塑造自己，首先要坚信：只要改变了行为，就会改变自我感受，继而改变形象。比如你要克服害羞这个毛病。当你吃尽了害羞的苦头之后，决不要再品尝它，而要宣战：多参加集体活动，不要怕处于中心位置；说话尽量把声音放大一点；眼睛要敢于正视对方，这即表示你的礼貌，也表示你的正气与自尊。这样开始时可能不自然，甚至以过分的行为体验当时的感受，但很快就会重建自信。关键是实践了。

实践——不怕曲折、不怕艰苦、不找借口、不贪便宜的实践，是引导成功的最好的导师。

第二，自我充电

当今世界是信息时代，每天出版图书、报刊及科学发明创造成千上万，而人不可能一劳永逸，以不变的职业知识结构，去应付万变的职业生活现实。况且，人的知识陈旧率也惊人的高，一个大学生所学的知识，在毕业10年后，有用的就仅剩20%。可见，更新和补充知识是伴随人生全过程的活动。一个职业女性，必须时时地进行自我"充电"，学会不断地掌握新技术来改进和发展自己的职业生活，以保证自己始终在激烈的职业竞争中立于不败之地。

既然我们热爱所从事的职业，希望在这个岗位上工作下去，那么，我们就必须更加勤勉，通过主动自觉的学习，不懈地发展和完善自身素质，其中包括决策、创造、交际能力及分析、评估、综合和归纳事物本质的能力等等。这些基本素质可以使你的工作与你的人生融为一体。

自我“充电”的内容应包括以下几个方面。

第一，加强职业道德修养。也许你并没有认识到这一点：职业道德修养是职业活动的基础，也是自我完善的必由之路。它是从业人员根据职业道德规范的要求，在职业意识、职业情感、职业理想和行为等方面的自我教育、自我培养、自我锻炼和自我改造，它可以提高自己的道德素质，不断克服损人利己思想、雇佣思想和平均主义等旧的职业意识。可以说，职业道德修养的过程，是使自己在职业道路的阶梯上不断攀登的过程。

第二，不断学习科学文化基础知识，在当代科学技术日益成为生产力重要因素的情况下，缺少文化技术知识，不可能成为一个合格的职业女性。即使大学毕业了，有了职称和工作业绩，也只能表明过去。每个人在职业活动中的能力，基本上取决于对高新文化技术知识的掌握和运用程度。

第三，注重提高职业操作技能。任何职业活动都是由一定的职业操作技能联结成的。提高职业操作技能就等于提高了职业活动能力。个人可以通过学徒、实验、参加比赛等形式，不断提高本职业的基本操作技能，并达到较高的熟练程度，顺利地完成本职工作任务。

第四，掌握职业生活技巧。职业生活是一种十分得分的社会现象，任何一种成功的职业活动中，都包含着职业科学艺术成分，如人们怎样进行职业保健，怎样能成才，怎样能解除职业生活中的种种困扰等，都存在方法和技巧问题。懂得技巧就可能使职业生活变得丰富而有活力，否则，就难免走弯路，甚至导致职业生活失败。由此观之，我们不能忽视对职业生活技巧的学习和运用。良好的技巧能够弥补很多缺憾和不足，有助于在理想的职业领域大显身手。

（3）智慧充电

智慧的灯火照前程。生存与发展，是人类永恒的课题。

要生存发展，就要拥有智慧。智慧是一种集创新智慧、道德智慧、处世智慧、情感智慧、健美智慧、审美智慧等于一身的智慧，也是一种不断地追求自我完善的发展智慧。

第一，用智慧拥抱人生

“物竞天择，适者生存”，“优胜劣汰”，自然和社会的法则时时都在向人们提出这样一条规律：要生存发展，就要拥有生存的智慧！凭借生存智慧，人类成了万物之灵，连凶猛的森林之王也不得不对原先不怎么起眼的“猴子”俯首称“臣”。凭借着生存智慧，历史长河中多少风流人物成为识时务的伟人、俊杰，拥有灿烂的人生。

并非所有的人都希望成为伟人、俊杰，但几乎每一个人都希望拥有成功的人生，潇洒的人生。成功、潇洒的人生不是上帝的恩赐，也不是“空穴来风”。它来源于一个老生常谈的“点石成金”的故事。这种“点金术”不是别的，就是人类生存的智慧。

生存智慧，不是随机应变的“小聪明”，而是从时代变迁、环境变化的参照来，以个人一生的发展和不断的自我完善为目标的智慧，绝非一般的聪明所能替代。

首先，它是一种创新智慧。创新，意味着不迷信权威，没有禁区，不为传统条件框框所困，是敢于标新立异，以开拓未来，不断进取为己任的智慧。它比一般智慧更具生气和更富于创造性。

其次，它是一种道德智慧。它以良好的品格去面对人生，就像聪明的帝王以德服天下；聪明的商人“诚招天下客”；聪明的领导者，管人先管心，使人心悦诚服。

再次，它是一种处世智慧。人是社会的动物，社会关系实际上是人与人之间的关系。善于创造和谐、友好的人际环境，求得他人的理解、支持、帮助、信任，便是处世的智慧。缺乏处世智慧，即使你聪明绝顶，也只能是涸辙之鲋，寸步难行。因为你是生活在众生之中，而不是像鲁宾逊那样生活在荒无人烟的孤岛上。

生存智慧也是一种情感智慧。具有情感智慧的人，善于平衡自己的心理，调节自己的情绪，从而以积极、良好的心境去面对生活，面对挫折，去获得友谊、爱情和幸福的家庭生活。

生存智慧还是一种活动的智慧、实践的智慧。具有这种智慧的人，善于通过劳动、实践去开拓人生、创造人生的最大价值，而不像过去的书呆子那样，“述而不作”或“君子动口不动手。”

生存智慧亦是一种健美智慧、审美智慧。具有这种智慧的人，善于发挥自己的身体潜能，善于欣赏美和创造美，也善于为自己的发展创造和谐的环境，从而使人生更美好。

第二，智慧的钥匙在我们手中

我们渴望聪明，但人的聪明才智到底是从哪里来的呢？自从人类有了思维能力，这个问题困惑了我们几千年。

有人说：“聪明来自于教育。”这话不假。教育确实是聪明才能形成的重要条件。从古至今，教育造就了一代又一代人才。然而，教育不能单方面起作用，不能像把材料送进机器就自动出生产品那样制造出聪明来。学校老师通常只能教给我们知识，却无法教给我们聪明智慧。

无论是教师还是父母，他们都自觉不自觉地按照自己的意愿和固定的模式去培养人。然而，每一个人都有自己独特的个性和智力结构特点，只有我们自己才更清楚自己智慧的特点，知道如何去开发和完善自己。我们不必把开发智慧的希望完全寄托在他人身上，也不要完全依赖父母和老师记住，我们应该依靠我们自己。

那么，“勤奋是不是就等于聪明呢？”爱迪生曾说过，天才是百分之一的灵感加上百分之九十九的汗水。伟人的话自然要比一般人说得有道理。但是，有的同学却说：“我比爱迪生还多二分努力，可我还是不聪明，这又是为什么？看来，单靠汗水也浸不出聪明这块晶莹的智慧宝石来的。聪明是多种因素的有机结合，汗水还必须加上科学的训练和自我开发，才能使自己的潜能变成智慧的源头，活水潺潺地流出来。从这个意义上说，智慧的钥匙在我们自己的手中。

不必像神话故事中的主人公那样到处去寻找“智慧之泉”。只要我们懂得自我开发，善于自我开发，我们一定能像掌握了“芝麻开门”秘诀的阿里巴巴那样，打开那扇里面装满宝藏的智慧之门。

智慧在我们身边。信息化、现代化的社会，对人的智慧、能力发展的要求越来越高，怎样才能使自己的智慧和能力适应现代化社会的要求，成为自己人生的得力助手，是每一位职业人不得不思考的问题。吸取集体智慧，让智慧共生，是一条走向成功的秘诀。只要你稍加留心，其实智慧就在你的身边……

第三，社会是无字的智慧之书

我国著名史学家张舜征谈治学体会时说：“有字的书，即白纸黑字的书本；无字书，便是万事万物之理，以及自然界和社会上的许多实际知识。”他极力提倡要读好这两种书。

相对于读有字之书的学校、课堂窄小的场所来说，社会是一所更广阔的大学，是一本更博大精深、使人终生受益无穷的书。一个只读有字之书、不读或不善读社会这本无字之书的人，即使他满腹经集体纶、满肚子墨水，也不可能成为智者，而充其量只能是个饱读诗书的“迂子”，因为他脱离了社会，无法适应社会。只有在读好有字书的同时，努力钻研社会这本无字的智慧之书，取得课堂大学与社会大学的“双学位”，才能真正获得智者的资格。

社会生活中处处充满智慧，善于汲取就会变成个人的智慧之光。但是，只有深入社会实践的人，才能有幸沐浴这智慧之光，才能有幸使自己的智慧“横空出世”——汲日月之精华，石破天惊！

定时为自己充电可以让自己的职业生涯之树长青，但是充电有一些注意事项你知道吗？

时刻保持“饥饿”感。任何人对于自己想要做的事情，在达成之前都会花很多时间做各种的努力。但是，有很多人往往在取得初步成就后，就会产生“饱”的感觉，并进而抱着“守成”的观念，不肯再前进一步了。

一个饥饿的人，会主动地寻找食物。同样，一个对自己的工作有饥饿意识的人，会主动充实自己。因此，要想取得更大的成就，就必须忘记曾经取得的小小成就，让自己时刻保持饥饿感，寻找机会充电、学习，以求完善自我，超越自我，方能脚踏实地地阔步向前！

规避充电风险。充电也有风险？答案是肯定的。培训充电的风险主要来自于付出的成本，当然还有精力和时间。要规避充电风险，在制定充电计划时，应该有一个成本核算。

一是经济成本。价格越昂贵的培训课程时，含金量是否就越高？职业女性在面对五花八门、价格各异的培训课程时，往往会显得无所适从。一般来说，要根据自己的状况选择费用合适的充电，超过自我承受能力，不仅会影响生活质量，还会影响自己的心态。

二是时间成本。如果在某个时间节点选择了一个不适合自己发展的充电计划，也就相当于牺牲了宝贵的时间。因此，充电要考虑到时间的因素：如果平时工作量很大，有时还要占用业余时间完成工作，那最好选择利用周末和一段相对集中的时间参加学习。如果工作时间较为稳定，业余时间充裕，建议选择利用平日的晚上和周末上课的进修班，这样既不影响工作，也不会因参加学习而造成更大的压力。

三是机会成本。经济成本和时间成本是显性的，机会成本是隐性的，因为脱产充电、放弃现有岗位上的发展机会、脱离熟悉环境、疏远人脉圈等等，都是得不偿失的。

寻找适合自己的充电方式。或许你会有这样的感慨：要学的东西太多太多了，社会上也提供了多种充电方式，但时间有限，都是下班后的"散碎银两"，应该选择哪一种呢？

职场变化无常，今天的"金领"也许很快就成了明日黄花，今天含金量很高的证书，到了明天也可能不名一文。因此，你的眼光要放得远一些，结合个人职业生涯发展，经过理性规划的充电计划，才是将来职业生涯的理想投资。

如果你需要的是一块进入好企业的敲门砖，你可以选择能获取文凭，让你改头换面的系统学习；如果你已经拥有一份满意的工作，但危机意识使你产生继续充电的要求，你可以选择短期培训；如果你想获得更高的学历，则可以选择在职研究生班，但大多数在职研究生班申请硕士学位首先需要学士学位；如果你拥有较丰富的资历，相应的国际资格认证则会使你锦上添花；如果你想要获得海外学位，也有很多方式可为你提供选择。

就像我们在高考时希望考取知名院校以获得高水准的学习条件一样，无论选择哪种充电方式，你都需要了解提供教育的机构，如机构本身的素质、提供教育的系统程度以及文凭或证书在相应的领域中占有什么样的位置等。

总之，无论是拿出专门时间去深造，还是在工作实践中不断学习，通过基础和后续坚持不懈的努力，都能使那些有心的职场女性不断适应变化的环境，最终拥有纵横职场的能力。

七　抓住升职机遇

升职是每个职场中人的渴望与梦想，因为升职就意味着加薪、地位的提高、个人价值的实现……尤其是随着年龄的增长，那些行走职场的女人对升职的渴望会愈加强烈。试想，如果一个女人到三十岁，却仍然是一个平凡小职员，那一定是职场恐龙了。

然而，机会只垂青有准备的人，不要只是等待升职的机会，聪明的女人应该懂得发现机会，捕捉机会，必要时更应主动创造机会，才能实现“升升不息”的梦想，才能从此一览众山小。

（1）主动寻找机会

职业女性的事业是否成功，人生是否壮丽，在很大程度上要看她能不能赢得和充分利用一次又一次的机会。谁都无法预知机会来自何方，以什么形式出现。有的时候机会从“前门”进来了；有的时候机会从“后窗”进来了；有时机会以本来面目出现了，却又打扮成挫折的样子。你必须慧眼识珠，寻找每个机会。

①要有广阔的视野，不要把眼光局限在某一狭小的范围内。

②善于分析，机会往往打扮成问题的面目出现，例如，对某一重要问题的解决本身就为你的升职提供了机会。

③不能仅仅看到目前的问题，还应该发现随问题而来的机会。

（2）学会创造机会

愚蠢的人丧失机会，软弱的人等待机会，聪明的人把握机会，强大的人创造机会。在可能的情况下，你应该通过自身的努力，创造有利于你升职的机会。

①抓住亲近机会。有些人对上司十分畏惧，以致于跟上司有沟通的心理障碍。畏惧权威的结果，使得上司只好独来独往。其实，在大多数情况下，他都不愿意扮演这样的角色。上司们也是血肉之躯，不希望别人拿他当外星人。所以，你应该主动抓住与上司相遇的机会，比如电梯、餐厅、走道等，轻松面对，大胆沟通。上司因此也会对你刮目相看，在上司眼中你自然也会比其他躲得远远的人亲近许多。

②主动推销自己。千万不要以为，你的上司会很主动注意你的需求，会主动为你规划升迁之路。其实，公司中人数众多，上司很难了解和顾及每个人的需求。当有某个职位空缺时，上司往往凭个人的推测，来决定提升谁。这时候，可能被选中的人根本不喜欢做，而很渴望的人却不被注意。因此，你平日最好在上司面前有意无意地提及自己的兴趣和专长，这样对上司和自己均有利。一旦有职位空缺，你也可以“主动”向上司推销自己。

③精彩“秀”自己。公司里通常有这样三类人：第一类，只肯做不愿说；第二类，不肯做只会说；第三类，既肯做又能说。有了数年的职场阅历，哪一类最得上司欢心，没有人不清楚吧？那为什么还要固执地等待上司放下身段，来殷殷垂询你的精辟见解或者光辉业绩呢？要知道，身处人才济济的公司里，仅有踏实苦干还是远远不够的，该“秀”的时候一定不要客气，而且要“秀”得精彩。

④挺身脱颖而出。哪家大公司不是名校毕业生一大把，要成为真正出类拔萃的一个，不是三五年就出得了头的。要尽快脱颖而出，当然得另辟蹊径展示你的与众不同。比如，在大多数人都无所适从的时候，你能够挺身而出为上司排忧解难，化险为夷，这样必然能赢得上司欢心，也较能在同事中被突显出来。要做到这点其实并不困难，只需处处留心、时时在意

就可。

（3）努力争取机会

你若想升职，绝不能一味等待伯乐的上门，而应该争取施展才华的机会。就算伯乐上门相才来了，也要有表现才华的明显迹象作为依据，才能被伯乐看中。

①到升职机会多的单位或者部门。在公司部门的选择上，要选择提拔机会多的部门。比如，宣传部门、科技部门、组织人事部门和经济部门。只要选择了这样的单位或者部门，就找到了升职的良机。而且，上司叫你到地区任职的时候，你最好到人口多、地域广、经济位置重要的地区任职，这样你在竞争中就会成功。

②选准上司。选准上司对你获得升职是非常重要的条件。事实上，上司是不能由你选择的。可是，你能够创造条件去接近比较理想的上司，疏远不理想的上司。

有几种类型的上司可以供你选择：

第一种是年轻有为、在前程上被众人看好的上司。跟着这种上司干，除了挨累以外可能你什么都得不到，可是，一旦上司被提升了，就会为你空出职位，留下升职的良机。

第二种是资历深的上司。上司的权威性和人际关系能够保证你顺利地开展工作，在物质利益方面也会给你带来好处。你还可以从他们那里学到许多宝贵的东西，从而为升职做准备。

第三种是无所作为的上司。他们无视名利，对下属的要求不严。你跟着他们干，好处是不会挨累，没有压力。

第四种是道德品质和业务水平糟糕的上司。假如你是一个愿意冒险的人，不妨选择这样的上司，只要时机成熟，马上取而代之。

（3）做好上司最关心的工作。上司最关心的是关系到全局利益的工作任务。你若能以敏锐的观察力，找到一个时期内上司关心的工作，用你的最大能力把上司最关心的工作做好，那么，不管在业绩上还是与上司关系上，都能取得事半功倍的效果。

岁月在一天天地流逝，年龄在一点点地增长。岁月不饶人，女人只有懂得并务必捕捉升职的机遇，才能避免遭遇“长江后浪推前浪，前浪死在沙滩上”的悲剧，才能在三十岁一览众山小，也算作为送给自己三十岁的礼物，让三十岁的喜悦冲淡三十岁的困惑，让三十岁成为女人成功与幸福的代名词。

第六章　自由与梦想：做个精彩的三十岁女人

没有梦想的女人，生命如同绿叶变黄的大树，毫无生气可言，心灵会变成一潭死水，掀不起一点波澜，激不起一朵浪花，生活毫无情趣。三十岁的女人们，还记得年少时的梦吧，如果还记得，那就让它成为你心里盛开的花，尽管经历风吹雨打，但盛开的花会越来越骄艳美丽。不要放弃年轻时的梦想，应该义无反顾地朝着它走去，让自己的心灵永远健康而年轻，如同百合一样静吐露幽雅的芳香，让自己的生活充满情趣，如同春天百花争艳，五彩缤纷。

可能曾经我们有闲无钱，没有条件去圆自己的梦想。但现在我们是否有钱无闲，仍没有时间去做自己想做的事呢？鲁迅曾经说过：时间就像海绵里的水，只要挤就会有。是呀，事情永远没有做完的时候，只要合理的安排，实现“做自己想做的事”这相梦想还远吗？可能自己想做的事是一件大事，那就需要做好的计划，也可能是一件小事，比如早上多睡十分钟，比如想买一件价格较高的睡衣，这些能实现能做到的，我们为什么还要压抑自己呢？

一　买下向往已久的睡衣

二十岁的时候，看见商场里面有一件令自己眼睛发光的睡衣，摸在手上很舒服，触在脸上很享受，可是价格却着实令人头疼。于是，每次去那个商场总会去摸一摸、看一看。突然有一天，商场里的那件睡衣没有了，心里一阵难过，犹如小时候心爱的玩具弄丢了一样，眼泪差点掉下来了。

可能每个三十岁的女人都有过这种经历，年少时有很多事情无法去做。但现在女人到了三十岁了，不能让这种事情重演，只要我们的开支允许，就去买那件心仪已久的睡衣吧！

西方有句调侃女人的谚语说：上帝给她一张脸，她却另外造出一张脸来。的确，女人有两张面孔，并且在这两张面孔中切换得游刃有余，这是她们与生俱来的本事。在职场、社交场合，女人都是精装的，浓妆淡抹，光彩照人，精致漂亮，像一颗钻石。回到家里的女人则会展现她最本色的一面，换上睡衣，钻到男人怀里撒娇抱怨。

在家中的女人虽不化精致的妆，但一样风情万种，她可能看起来并不光彩照人，但身穿睡衣的女人总是会有别种风情。睡衣没有职业装的肃静感，也没有休闲装的潇洒感觉，更没有时尚衣服的华丽感，但它同样可以优雅、性感、飘逸动人，是繁华落尽后的含蕴美。

睡衣是女人表现真实性情的物件，是女人穿给自己、穿给最亲近的人的东西，常常流露女人梦想的姿态和女人拥有的心情。睡衣洗去铅华，披一身肌肤的香气，使穿上睡衣的女人成了一条幸福的鱼，那睡衣就是女人的鳞，使光滑细腻的感觉舒适自在地流遍全身。

从这个角度来说，穿什么样的衣服睡觉，能体现一个女人另一方面的个性，也是女人爱自己的方式之一。

作为女人，你至少需要有5件睡衣。

首先要有几件纯棉质的睡衣，棉质睡衣是女人的首选。因为棉料子吸湿性强，可以很好吸收皮肤上的微汗。棉质睡衣柔软、贴身、透气性能好。另外，棉质睡衣不会引起皮肤过敏、瘙痒，甚至影响正常睡眠。

棉质的睡衣可以选择白色或者浅浅的黄、淡淡的粉，上面可以缀满可爱的小熊、俏皮的小狗或憨态可掬的小猪；也可以是蓝色或紫色，上面要或者用机器提着些精美的花饰，又或者罗列些三角、圆圈、方块的几何图案。

女人还要有件真丝睡衣，黑色也好，玫瑰红也佳。要镂空、开衩，要走起路来有流动感，让人心旌摇曳、欲罢不能，只恨不能一头醉卧在温柔乡里。

除了真丝睡衣，女人还应该给自己准备一件绢丝睡衣。绢丝质地柔软、吸汗透气、挺括滑爽、色彩高雅华丽，穿在女人身上轻轻柔柔，能够给自己一种十分富贵的感觉。爱自己的女人，要舍得为自己的身体投资。

男人喜欢用视觉来感觉女人。所以，男人总是对女人穿着什么样的睡衣很感兴趣，女人们还应该准备几件性感睡衣。其中蕾丝、薄纱质地的睡衣最为性感。

蕾丝睡衣是最具女人味的，有点露，有点透，演绎一丝恰到好处的女人感。弥漫着一种氤氲的女人气息，混杂着甜美、清新、性感、可爱、野性仿佛很难说清楚的感觉。

与蕾丝相比，薄纱则是更为含蓄的一种女人韵味的设计。想展露性感风采，却又不希望过度暴露会失去女性的矜持，那么就选择一款薄纱的睡衣。自然、宽松的薄纱十分的委婉可人；不长不短，微露肌肤的小睡裙，能够展现女人半遮半掩，充满暧昧的性感，这样的性感更具杀伤力。

选择质地好的睡衣，是女人爱自己的最佳表现。有很多女人选择穿T恤睡觉。如果是长得像模特似的身段极好的女人，穿着T恤和超短紧身裤睡觉，可能还别有风韵。不过，对于大多数女人来说，她们穿T恤睡觉，无非是舍不得把那些退伍的T恤扔掉，只好把它们当睡衣用，直睡得没有衣服样子了再彻底扔掉。

有一位三十岁的女性朋友就是那样，她还经常解释说："睡衣总得经常洗，一下子就会穿得不成样子，而且呀，穿着它又不会给谁看。"这里奉劝女人一句，千万不要有这种思想，一个女人睡的时候，也要睡得美一些，睡得可爱一些，尽管没有观众在旁边欣赏。只有在睡觉时都关注自己的女人，选择质地上乘睡衣的女人才是最爱自己的，

睡衣中的上品应该晶亮柔软、薄如丝绸，用手一抖，哗地散开，没有一丝褶皱。上品睡衣的式样还应该香艳，两根细细的吊带，胸前、下摆镂空的花边。穿这种睡衣的女人若是再有纤纤的细腰、清秀的面庞、凝脂般的肌肤，便似凡间花妖。即使没有如此美丽，这样的睡衣也不会暴露在白日般的灯光下，朦胧了的女人总会多几分妩媚和动人。

不过女人要记住，千万不要尝试麻质的睡衣。据日本睡眠文化研究所公布了关于睡衣的最新调查结果，经过对各种材料的睡衣和被调查者的睡眠状态进行分析，研究人员发现，丝绸和棉布质地的睡衣有助于睡眠，而麻质睡衣则影响睡眠。

人的自律神经系统包括让身体处于活动状态的交感神经和使身体休息的副交感神经。穿丝绸时副交感神经的活动级别是穿麻质睡衣时的两倍，所以，女人最好不要选择麻质的内衣。另外，化纤和尼龙质地的睡衣会对皮肤造成刺激，容易使皮肤发痒，也会影响睡眠质量。

女人三十岁，趁着我们有迷人的身材，还能穿得上那件妖娆的睡衣，买下那件很喜欢的睡衣吧，这是女人对自己的珍爱。

二　到喜欢的地方旅行

女人天生爱做梦。或许在很小的时候，你便梦想着有朝一日能够游遍大江南北，看尽天下美景。可遗憾的是，那时候有大把的时间，但却没有足够的金钱。而当你为了自己的梦想打拼数年，赚够了足够的金钱时，又为世俗所羁，抽不出时间去实现自己的旅行梦想。

或者你会因此而失落，或者你会拿这句话来安慰自己：在科技爆炸的今天，我可以轻易欣赏到各地美景的精彩图片和电视片。

然而，现代传媒只能起到一个引介的作用，实景的奇妙感觉是只可意会不可言传的，比如埃及的金字塔被誉为世界第一奇观，但你在图片上看到的只是一个巨大的石堆而已，更深刻的人文内涵无法通过图片来表达；就像现代传媒的出色发挥，只起到一个菜单的作用，更多的美食要等着食客去一一品尝。

正如古代西方哲学家圣奥古斯丁曾说过的："世界就像一本书，不去旅行的人只读到了其中的一页。"一个人走过的路越多，他的生活就越丰富，他的视野就越开阔，他的思想就越深邃，他的胸襟就越宽广，他的生命就越精彩。

正因如此，古代的文人墨客大都喜欢游历山川名河，喜欢每一个富有人文气息的地方，生命不息，步履不止。"读万卷书，行万里路"。

熟悉的地方，不会再有令你眼前一亮的风景；一成不变的日子里，也不再有令人感动的风物；琐碎的生活中，心底的激情已找不到燃点。因此，当女人三十岁时，别让自己的脚步停在灰暗喧嚣的城市里，不要让自己的身心禁锢在无休止的工作中，背上你简单的行囊，去心仪的地方旅行。你会发现，世界真的好大，生活可以如此美好。

郁闷时看大海，

高兴时爬高山，

压抑时去草原，

兴奋时穿林海。

生活在城市中，我们的心灵似乎蒙上了一层厚厚的现代的尘埃。它压抑着我们的情感，遮盖了我们的心灵，使我们常常迷失了自我。这时候，你是不是需要一个宣泄的舞台呢？

让心灵去外出旅行吧，找回原来真实的自我。让自然的空气净化我们的心灵，让自然的柔风细雨洗掉我们的尘埃。

当你归来的时候，你会有重生的感觉！

也许你会抱怨由于时间、金钱所限，不能走遍世界的每一个角落，但是，你完全可以做出一种个性化的、富有魅力的选择。例如，选择那些具有丰富的文化底蕴的历史名城、文化胜迹，像现代文明的发源地伦敦、文化名城巴黎、古典与宗教之城罗马、冰火交汇有如史诗的耶路撒冷、“爱情丰碑”泰姬陵、万里长城……走近这些一生至少应去一次的人间胜地，你会感受到灵魂的颤栗，被现代生活节奏所压抑的心灵也会得到抚慰、安宁和满足。

不过，人的体能和精力毕竟是非常有限的，加之长途旅行，生活不规律，身体易疲劳，旅途衣食住行又诸多不便，这些都会给人的身体带来不利，因此，在旅行时应特别注意保健。

（1）临行前要体检

你在旅行前应先做一次体检，征得医生同意，方可前往。然后再根据自身的身体状况和病情，选定旅游点，安排旅行日程，能远则远，不能远则近，不要勉强。

（2）携带常用药物

除携带平时服用的药物，如降压药、扩血管药及催眠药外，还应备有感冒、腹泻、止痛之类的药物。急救药随身带，以应急需。如果晕车晕船，还应带上防晕药。

（3）防止受凉感冒

春季和夏季，一般气候多变，所以，此时去旅游不要减衣物，最好还要带上雨具，以防不测风云，使身体受凉。秋天早午晚温差大，应随气候变化增减衣服，防止受凉感冒。

（4）饮食要讲卫生

旅途中饮食宜清淡，少吃方便面，多吃蔬菜水果，防止便秘。不食用不卫生、不合格的食品和饮料，不喝泉水、塘水和河水。尽量在住地餐厅用餐，自备餐具和水具，既方便又卫生。

（5）避免过度疲劳

乘火车人多拥挤，车厢空气污浊，坐汽车颠簸厉害，会使人倍感疲劳。所以，如果你是长途旅行，最好坐卧铺或飞机，也可分段前往；旅行日程安排宜松不宜紧，活动量不宜过大。游览时，行步宜缓，注意循序渐进；攀山登高时，要量力而行，以免劳累过度。

（6）住处舒适安静

旅行会让人感到身心疲累，为快速恢复体力，每天应保证6～8小时睡眠。同时，住宿条件不求豪华，但求舒适安静，选2～4人间，与陪同人或旅伴在一个房间，便于互相照顾。每晚睡前用热水泡脚，睡时将小腿和脚稍垫高，以防下肢水肿。万不可图便宜省钱住潮湿、阴暗、拥挤、条件差的房间，以免影响睡眠，造成体力不支，或诱发疾病。

到喜欢的地方去旅行吧！避开尘世的纷扰，理一理心中的荒秽，除掉功名利禄，除却一切世俗的烦扰，什么职称，什么压力，让它们都随风去吧。任思绪信马由缰，去追寻古人的足迹，与他们做一次心灵对话。向庄子借一只大鹏，展翅翱翔，心随鹏舞，飞翔到天际，降至那青青绿草处，向陆游借一方扁舟，一叶飘然烟雨中，两岸猿声啼不住，轻舟已过万重山。此中快意，只有自己用心、用整个身体去体会。

三　买一辆属于自己的车

生活中有不少女人坦言：以前我会梦想开着自己的车，访遍世界的名城、古镇，走走停停，随心所欲且随遇而安。可以沿路欣赏自然风光，还可以随时下车拈花惹草，呼吸风的味道；可以傍在车上看太阳落山，还可以走下车来加入当地的人们，去倾听他们的故事。总之心到哪里，车就驶向哪里，去自己喜欢的地方，做自己喜欢的事情……

是的，男人可以自由洒脱、驰骋天下，女人为何不可以呢？所以，有经济能力的女人，完全可以自己去买一辆车，可以是名车，也可以是经济实惠的二手车。车不在乎是不是名牌，关键在于它能载你兜风，带你去想去的地方。

第一次买车，如何挑选一辆自己喜欢的爱车？买车不像买衣服，其中要考虑的因素很多，要注意下列事项：

（1）事前准备

财务预算：买车除了要付车价外，还有保险费、执照费。如果你选择买新车，财务公司还会要求车主购买全保，若再加上你没有赔偿折扣，保费会更高。另外，还有燃油费、维修费、轮胎费、机油费等等，养一部车的费用也很庞大，买车前一定要计算清楚。

（2）选车事项

①看车时最好选择白天，以便看清楚车身情况。首先观察车身表面是

否平滑，有没有刮花的痕迹，以及油漆的光亮度。其次是看防撞杆、车门与车体间的间隙是否适宜，缝隙是否过大，再试试车门、行李箱门开关是否顺畅。

②察看车厢时，每项设备的运作也应检查一次，特别是电器设备，如冷气、水拨、音响、电折镜、车窗、天窗、头灯、指挥灯、防盗系统等，因为电器是最常发生毛病的地方。

③由于大部分汽车的驾驶座主要以男性作为参考标准，当身体较娇小的女性坐上驾驶席，视野会与男性完全不同，所以选购车辆时，一定要亲自坐上驾驶席，看看车头及车后的视野是否够宽阔，盲点大不大，窗柱（A柱）是否阻碍转弯及出路口时的视线，尾窗是否太小看不到车后情况等。

④由于东方女性身材一般较为娇小，所以座椅除了可前后移动外，最好还可以调校高度，如果方向盘能伸缩就更好了。

⑤安全设备是女性买车时最易忽略的地方，其实安全设备不一定要很多，但基本的一定要有，例如，女性煞车反应较迟，ABS防车轮锁定制动系统可以加强急停时的稳定性；自动中央门锁，车子激活或踩制动便会自动上锁车门，以防被不法之徒滋扰。

⑥售后服务。女性的汽车机械知识一般较为贫乏，一旦遇到爱车出问题，哪怕是很小的故障也会束手无策。因此买车前最好咨询其他人的意见，了解各汽车品牌的特性，选择可靠的品牌和具备实力的经销商。这样，既可确保维修水平，也可保证合理的工时费、正宗的配件和便利的服务。

（3）选择车色

当你买车时，除了考虑品牌、性能、价格和服务之外，也必须选择车色。也许，你在选择颜色时，考虑的仅仅是“我喜欢什么颜色”，又或者完全跟着流行走。

不知你考虑过这样一些问题没有：什么颜色能显示车主的个性？什么颜色能使汽车显得大一些？什么颜色的汽车发生交通事故的几率最小？……其实，汽车的颜色已经不仅仅是一个美观和个人偏好的问题，而是一个颇有说法的问题。

根据车主的个性选择。颜色不仅是汽车的包装和品牌识别的标志，而且还是车主个性的显示，比如红色能激发欢乐情绪；黄色崇尚大自然本色；蓝色显示豪华气派；白色给人以纯洁、清新、平和的感觉；黑色可以说是一种矛盾的颜色，既代表保守和自尊，又带有新潮和性感；绿色给人带来沉静和谐的气氛；而最近流行的鲜紫和桃红色，又表现出车主的活跃个性。

根据车型选择。颜色的重要性还在于它能在人的视觉上产生一种造型功能。颜色的造型效果取决于其面积、明度、纯度和匹配等因素。对于三维的轿车车身，其形体、质量及色差所造成的这种影响就更为明显，因此要根据车型来选择轿车颜色。明度和纯度高的颜色能使车体显得大一些，因此适用于微型轿车；对于大型和中型轿车来说，采用明度和纯度适中的颜色较适宜；买大型轿车最好选择低明度和低纯度的颜色，因为这类颜色所产生的压缩感使车体看起来较为紧凑和坚实；有时车体丰满的豪华车喷上一两种颜色饰条，可变得“俏丽苗条”起来。

根据安全性选择。选择汽车颜色时，不可忽略安全因素。最新的一项研究表明，浅色系的汽车视认性较好，事故率较低，行车安全性较高。视认性主要与如下因素有关：颜色的进退性，即所谓前进色和后退色。比如使红、黄、蓝、绿的轿车与观察者保持等距度，在观察者看来，似乎红、黄色轿车要近一些，而蓝、绿色轿车要远一些。因此，红、黄称前进色，蓝、绿称后退色。前进色的视认性较好。

（4）女性驾车须知

女性驾车族应在繁忙的生活和工作中保持坦然平静的心态，不要把压力施加给“方向盘”，令神经系统和车速处于紧张状态，否则，容易伤害身体，也容易导致事故的发生。同时，女性一些小习惯也需要改变一下。

不要在车窗吊饰物。一些爱美的女性，喜欢在车的前后车窗吊上一排形态各异的“小精灵”、“小宠物”等，作为一种装饰或作为自己的幸运物。殊不知，这一排玩偶挡住了你观看路况的视线，驾车的安全系数就打了折扣。

不要在驾座上垫活垫。一些女性由于身材娇小，为了垫高身体让自己便于驾驶，就用一个坐垫放在驾驶座上，其实这是危险的做法。因为坐垫是活动的，容易造成驾车者身体不稳，特别是当遇到情况紧急刹车时，会使驾车者因稳不住身体而无法应付紧急情况，造成难以想像的后果。

不要长期放香水。有些女性喜欢在仪表板上摆设芳香剂。长此以往，这种芳香剂挥发出来的气体分子会使车内塑料饰物加速老化，对自身健康不利。

不要戴墨镜。一些女性都喜欢戴墨镜开车，这其实很不好。据研究，墨镜的暗色能延迟眼睛把影像送往大脑的时间，这种视觉延迟又会造成速度感觉失真，使戴墨镜的司机做出错误的判断。

不宜穿高跟鞋。鞋跟过高会影响踩离合器、油门踏板和制动踏板的动作。

不要戴尼龙手套。有的女性觉得戴尼龙手套好看，实际上尼龙手套很容易滑手，如果遇到大转弯就更危险了。

不宜多说话，开车时讲话30秒，可使心肌耗氧量增加10%左右，所以，开车时不宜多说话。尤其是初开车的女性过多说话，不仅分散注意力，而且容易出意外。所以，即使你在工作中感到十分焦虑烦躁也不要在开车时喋喋不休。

厌烦了挤拥挤的公交车，更厌倦了每天在站牌下的等候，那么买一辆属于自己的爱车吧！它可以带你去你想去的地方——或许是一个旷野山坡，或许是风吹草低现牛羊的大草原，或许是一望无垠的戈壁沙漠。它还意味着女人经济思想上的独立。三十岁的女人，只要经济条件允许，还等什么呢?

四　女人三十亦创业

拥有属于自己的事业，这或许是很多女人年轻时的梦想。是呀，虽然创业意味着挑战、失败，但也意味着成功和财富。试问，有谁不会对成功和财富充满梦想呢？

然而，年轻时的女人，除了一腔创业的激情外，两手空空，一无所有——没有资金，没有经验，没有社会资源……这时，她们往往会动摇自己的信念，直至越来越偏离自己梦想的航线。

等到多年以后，女人靠自己的双手和智慧积累了足够的资金和经验，但创业的激情却早已在不经意间消失得无影无踪，她们常常这样安慰自己："三十岁了，年轻时的梦想未完成，现在想弥补已力不从心，只好安安分分地原地踏步了！"

不可否认，当女人不再年轻时，创业的机会成本巨大。为了创业，她必须放弃已有的地位、权力和报酬。几乎一切都得从头做起，她必须做众多细小的事情，必须忍受创业初期的艰辛和许多的不确定性。一旦创业失败，她所遭受的损失将是巨大的。

每一个人都要为自己所过的生活付出代价。如果你想比大富翁更有钱，你就要准备长期放弃生活的其他乐趣而拼命赚钱；如果你想成为电影明星，你就要准备随时随地面对摄影机而牺牲隐私；如果你想成为女富豪，你就要准备经受创业的艰苦而放弃享受。

正所谓人生能有几回搏，此时不搏何时搏？还犹豫什么，潇洒地创一次业，发挥你的智慧，实现你的梦想，向世人宣告：当女人三十岁时，依然大有可为！即使最后失败了，但毕竟你拼搏过，努力过。

当女人三十岁时，创业会比年轻人面临更大的风险和压力。你不妨参照下面的方法去做，或许这些方法并不是你创业必胜的法宝，但至少也可以让你少走些弯路。

（1）切忌带着负面情绪来创业

有不少女性是因为在原来的工作岗位上不开心，感到自己没有得到重用，或者感到自己的才华在原先的团体中得不到施展，所以，萌生了自己创业当一把手，自己对自己负责的念头。这种想法可以起到激励自己的作用，但是，有时候却会造成创业者对市场信号反应不敏感，或者用一种赌博心理做出孤注一掷的决策。

（2）给家人留足费用

当女人三十岁时，多半已经成家，上有父母要赡养，下有儿女要抚育，需要一个稳定的经济来源。而自主创业所面临的风险恰恰不能保证经济来源的稳定，而且在创业初期企业有可能在相当长一段时间内处于亏损状态。所以，在创业前，最好能给家人准备足够的存款，以防万一。

（3）慎重选择行业

常言道：“女怕嫁错郎，男怕入错行。”在创业时，选择哪行哪业非常重要，你可以参考以下几点建议：

不要赶时髦去跟风。不可否认，当女人三十岁时，创业稳重有余，冲劲不够，敏感度也往往不如年轻人。因此，创业时不能赶时髦去跟风，而最好选择那些市场空间大并且可以稳定发展的行业。如特色餐饮、教育培训、儿童益智教育，以及关注特殊群体，如老年人、伤残人生活用品及健康服务等。

不要选择强度较高的项目。随着年龄的增长，女人的体能已经开始下降，而创业不仅需要付出大量的脑力、心力，还需要付出大量的体力。特别在创业初期，各种问题千头万绪，如果没有好的身体，人很容易累倒。所以，创业时，不可以选择强度较高的体力消耗项目。

要有相关的专业技术或技能作为依托。创业者必须有一定的专业技能和管理能力，从自己所熟悉的行业做起，这样才比较容易进入角色，如开化妆品店的人必须了解化妆品，懂得化妆美容知识，甚至本人曾经是化妆美容师；开饭店必须有餐饮从业经历等等。

要结合以往的资源。所谓资源就是你的工作交往渠道和人脉。无论你是在国企，还是机关事业单位工作，因工作关系，都会有一定的人员交往和业务联系，这就是你的资源。如你曾是国企销售人员，你就可以从事相同或相近的产品经营或代理；如果你是行政管理人员，那么，你一定具有良好的职业素质，有组织能力和管理能力，你就可以从事技术性不太强的各类中介服务、商务代理等方面的工作；如果你有技术但缺乏资金，你可以与他人合作，以技术入股，但入股前一定要明确股权比例和经营方式。

符合自己喜好或偏好。当女人三十岁，个性及生活习性基本定型，创业应尽可能在所喜好的领域中选择项目，这样有利于激发你的创业激情。如你对服装有偏好，那么不妨开一家服装店；如你对饮食有研究，你可以开一家特色小吃店。

（4）兼顾长远与眼前

在企业的初创阶段，如果生意局面好的话，务必要贯彻“先做强再做大”的理念，稳定、巩固、提高、发展，坚持将事业扩大下去，形成一定的规模，不要看到丰厚的利益后，就贪图安逸，不思进取，要牢记“创业容易守业难”的古训。市场经济，正如逆水行舟，不进则退，如果不图发展，势必被市场所淘汰。

如果开局不利，就需要冷静思考，查找原因，如果确实没有机会扭转，切忌一意孤行，应该及时退出，将损失控制在最小范围。对于50万元以下的创业者，在目前的市场中是丝毫没有竞争力可言的，正所谓“船小好掉头”，此时及时撤资，以免更大的损失。

（5）事事亲为

有些创业者在生意走上正轨之后，就认为可以高枕无忧了，开始雇用员工，自己当起了“甩手掌柜”。其实，这种做法并不可取，尤其是10万元以下投资的创业者，更应该在自己的事业中发扬艰苦奋斗的作风。投资创业首先就是实现自我雇用，通过自己的投资，使自己的人力资源同生产资料相结合，达到人财物三者一元化。雇用雇员就相当于放弃了自己的人力资本投资收益，这对于资本极小的创业投资者来说，应该是一笔不小的损失。

（6）休息好才能工作好

尽管待办事项堆积如山，也要强迫自己星期六或星期日休息一天。在这一天里，你要暂时忘记业务，或和家人出游，或看场电影，或做做运动。而且你的家人和顾客也希望你这样做，因为休假使人心情愉悦、精力充沛、容光焕发，工作反而更有效率。

（7）坦然面对失败

人生不可能一帆风顺，在创业的道路上同样会布满荆棘，但失败后并非就是一无所有了，你拥有的是宝贵的经验。如果能够认真总结的话，这些都将在你未来的人生道路中发挥重要作用，成为未来求职中的砝码。

女人三十，该经历的经历了，该拥有的拥有了，但是否有时你的心头也会闪过一丝遗憾呢？这一丝遗憾就是自己一直想创业却没去做。那么，女人萧洒地创一次业吧，发挥你的智慧，实现你的梦想，向世人宣告：女人三十岁，依然大有可为！即使失败又何妨，毕竟你努力过，为实现自己的创业拼搏过。

五　网上冲浪乐趣多

女人三十岁了，看着二十多岁的小辈们整天沉迷于网游，尽管理智告诉自己不要去羡慕那些小孩子们的激情与活力，但仍禁不住好奇这些小孩子为什么会如此着迷，也很想像他们那样专心地玩一天，在网上冲浪一天，但工作、家务，又有哪样事情不等着自己去做呢？闭上眼睛就天黑，事情总是没完没了，在网上冲浪一天又何妨呢？

很多年前曾有一首歌叫《一场游戏一场梦》，人生是一场游戏吗？不是！人生可以没有游戏吗？不可以！什么是游戏？最IN的游戏在哪里？网络。网游，的确是不可抗拒的诱惑。

网络时代，网游如雨后春笋般遍布地球的每个角落。无论是老成持重的成年人，还是热情奔放的年轻人，很少有人能抗拒网络游戏的诱惑。如果你有武侠情结，那么，进入网游的天地里，你可以是《倚天屠龙记》里神功盖世的张无忌，也可以是《天龙八部》中娇媚百变的小阿紫；如果你是一位卡通爱好者，就请进入hellokitty的世界，这位长着一双闪亮的大眼睛的卡通玩具，会让你过足童趣十足、美轮美奂的童话瘾……

游戏产业越来越火，且不说“CIG”、“WCG”等搞得沸沸扬扬的游戏比赛，只看看各大媒体的报道也明白：游戏产业正以不可抵挡之势走近我们的生活。有统计表明，目前我国网游玩家已达700万至1000万之众，全国网游创造利润总值已超过了电影票房总收入。我们小的时候被认为是“洪水猛兽”的游戏，如今仍是洪水，不过是推动新兴经济模式和娱乐模式大发展的浪潮。

游戏是很好的娱乐方式，喜欢游戏的三十岁女人们可以利用业余时间上网。爱好游戏是人类的天性，自有人类文明开始，就已经有了游戏，游戏可以说是人们生活娱乐的一部分。在今天，借助于数字、电子、网络、创意、编剧、美工、音乐等等“先进”的道具，在游戏中对现实生活的虚拟达到了一个全新的境界。

网游为什么这么吸引人？抛开其游戏性、耐玩性和交互性等特征，还有一个更加深刻的主题：发生在网游中的情感交流。抛开伪饰的语言，抛开所有的情感变成冷冰冰的屏幕上各种奇形怪状的符号，游戏还为人们构建着动人的情节旋律。借助“比特”的力量，游戏很容易就制造出诸如“英雄救美”、“生死相随”等等诸多促成奇异爱情开花结果的浪漫奇遇，游戏谈情两不误，也难怪网游让人如此痴迷了。

当然，对于仅把网游作为休闲方式的三十岁女人们来说，没有成为网游高手的雄心壮志，自然不是什么大不了的事，闲来无事，打打网游，开开心，也是一种很好的休闲娱乐。

网游是休闲娱乐的好方式，而网购则省却了女人逛商场的麻烦。

点点鼠标，商品到家——越来越多的女人们愿意去快捷便利的“网上市场”买东西，网购已成为人们生活中不可缺少的一部分。面对五花八门的“市场”，以及鱼龙混杂的网上商品，不免难以取舍，有时候，网购真的是让我欢喜让我忧。

当网络与生活亲密接触之后，人们发现，无需走进传统的商场，只要坐在电脑前动动手指就能买到想要的东西。网上购物省去了人们传统购物的车船之累、步行之苦，稳坐家中就能信步逛商城，因此深受白领一族等女人们“网购一族”青睐，因为既省时、省力，还可省钱。

在30岁的外企职员陆女士说，网上买一套衣服的价格在传统店铺一般只能买一件，而且网上款式相当多，一口价竞拍“新鲜刺激”，只要到声誉好的网上商家选购，一般没什么问题。

对于热衷购的年轻白领或大学生来说，网购有不可比拟的优势。一方面，网购不受时空限制。不少网上商家没有固定的店铺，只需一个仓库或在家里堆放货物。商品较多者则会申请一间网上店铺，费用低廉，而且网上卖东西的成本只有十几元的手续费。成本低，所以定价空间大，形成了网上商品的价格优势。

另一方面，价格便宜的背后却藏着陷阱，一不小心就会上当受骗，这也是很多人对网购持观望态度，迟迟不参与其中的原因。做贸易的郭小姐说，很多时候看着网上的东西不敢下手，对网上购物有几大担心。一是商品是否真实，在网上看到的和到手的是不是一样？二是网上支付，会不会泄露银行账号等个人隐私？三是付钱后东西能不能及时到达自己手中？四是如果东西到手，商品有瑕疵或自己不满意怎么办？五是一些不正规网站出售的东西，没有发票，如何享受“三包”？

的确，由于网络交易目前的管理并不完善，如同原先的马路市场，骗子浑水摸鱼屡见不鲜，大致说来，网购陷阱主要有以下几点：

（1）交付货款后，网站却延迟发货，或根本不发货；

（2）所购货物明显以次充好，或以假乱真；

（3）货物本身出现质量问题后，网站或商家拒不履行售后服务条款，不承担“三包”责任等。

也正因为网购还存在这样或那样的问题，不少网购族在大呼上当受骗的同时，纷纷将网上商家告上法庭。在各级消协接到的投诉中，网购作为一个新的投诉内容开始频频出现。

网上冲浪一个更好的去处就是论坛（BBS），它可以让你随意发泄你心中的郁闷与不满（只要你不是危害他人的言论），可以让你在自由的空气中自在呼吸。

网络论坛是网民们谈天说地的一方乐土。BBS与网络文化犹如水和舟，前者是后者的载体。在自由与互动的BBS上，真实的个体通过匿名的形式表达自我，人人平等，因此可以说得畅快淋漓。

很多文人墨客或有着难以割舍的文字情结的人，都喜欢登陆各类网络论坛，鼠标所到之处所向无忌。

生活中的满意或不满意总是太多，有空上网，在论坛上闲言几句，是一种很好的宣泄。

人生不是一场戏需要认真面对，但我们可以在虚拟的网络里玩自己喜欢的游戏，可以在网络里发泄自己的抑郁情绪，为压抑的情绪找一个不影响别人的出口。同时，这也实现女人曾经向往已久在网上冲浪的想法。一石二鸟，双赢，有时间的话就去做一次吧？

生活总会有些不如意，有些想做的事总会受到各种限制，无法去实现自己的想法，但如果把这些愿望一直放到角落，让它蒙上一层尘埃，那等我们老了的时候回头看看，心中会不会有些许的遗憾呢？三十岁的女人们，或许有各种理由会让你去做你想做的事，但只要我们先把这些理由放放，把这些可能不是理由的理由放到我们脑后，去做我们想做的事，比如去心仪已久的地方去旅行一下，比如网上冲浪一天。时不待我，不要再等待机会吧，因为机会是自己创造的。

第七章 自爱：三十岁女人的自我养护

小的时候总是盼望自己快快长大，长大后可以像邻家姐姐那样穿无比漂亮的衣服，化淡淡雅致的妆容，挎一款精巧别致的小包，于是每当别人问及年龄，总会说的比实际的大一些。但是年少不知愁滋味的年纪，却不懂得时间飞快。30岁对于我们曾经是一个多么遥远的数字，现在犹如一道尘世间女人无法躲避的魔咒，忽然降临到了我们身上。该来的还是来了。

三十岁，尽管时间依旧无情，我们仍要想尽一切办法留住青春的脚步，让青春在我们的肉体上作最大程度的保留。三十岁，当我们身体的每一个细胞随着年华的逝去而渐渐凋零，我们不禁想向上苍乞求：请让时间过得慢一些，别让我太早听见岁月的车轮声。但时间不会为谁而停留，尽管我们无法与时间抗衡，但我们可以和自己赛跑。我们是人，是有血有肉，有思想有灵魂的人，我们可以凭借自己的聪明智慧获得除了美丽的容颜之外更多的东西，岁月带走了我们青春的容颜，却给我们留下了更多坚强与自信，宽容与爱心，智慧与柔情。世间万物也许都如此，有失必有得。岁月可以拿走我们的青春美貌，却也会赋予我们更厚重，更具分量的气质与魅力，这就看我们以何种心态去面对这一切。

一　肌肤呵护很重要

对于女人，三十岁可能并非处在人生的关口、转折点，但是在容颜、生理、身体方面却是一道分水岭，三十岁以后这些方面都会发生越来越大的变化：卵巢正式开始老化，女性荷尔蒙不再增加分泌，肌肤开始变得干燥缺水，粗糙无光泽，甚至变得缺乏弹性。尽管我们每天喝大量的水，吃大量的水果仍无济于事。眼睛周围出现一些细细的皱纹，甚至脸部会出现一些黄色或褐色的小小斑点，小腹和背部的肌肤松弛甚至可能伴有太多的赘肉，出现让人难堪的花纹——橘皮组织，更有可能胸部会受地球引力的影响出现下垂现象。这些都是天性爱美的女人所无法忍受的。所以即将步入三十岁或已经步入三十岁的女人们要注意了，一次面部DIY或专业美容胜于一万句的大道理，让我们行动起来吧！从呵护肌肤开始。

肌肤是世界上最禁不起岁月考验的：25岁之前光鲜柔嫩无比，爽滑得犹如绸缎，“肤若凝脂”、“冰肌雪肤”，或许曾是往日最大的骄傲与资本，既使不如此，光滑有弹性的皮肤却也到处张显青春的美丽；30岁却开始暗淡了，犹如皎月蒙上了一层暗淡的云彩，尽管皎月依旧，却没有了往日的光芒与亮丽；40岁以后就开始褪色了，犹如一块鲜艳无比的布，经过多次洗刷，已褪掉初始的鲜亮，全无当日的神彩。

道理虽是如此，但如果我们能够精心呵护，细心保养，即使是饱经岁月磨砺的肌肤，依旧可以重新焕发出青春的光彩。

脸部基础护理。在这之前，我们的护肤方法可能是延续以前的方法，以清水洗脸，简单地涂抹一些润肤霜。那么从现在开始我们要牢记，一定要用正确的方法小心呵护肌肤，千万不要因为嫌麻烦而放弃。哪怕只是偷懒一周，以后可能会后悔几十年。

我们的肌肤首先需要开始进行以下几项修补工程：

（1）购买至少一套基础护理的产品，做好皮肤的基础保养，一定要养成完全卸妆及彻底清洁面部和颈部皮肤的习惯，以防止毛孔于被堵塞而变得粗大和潮红、粗糙，让肌肤在一天的疲劳后通畅毛孔。同时在高效保湿和美白上要特别的注意，对受损的肌肤开始重新护理。

（2）停止使用磨砂洗面奶。30岁女人的皮肤抵抗力本来就变得比较脆弱，如果再天天使用磨砂洗面奶，使皮肤表面变薄，皮肤会变得很容易过敏感，但是如果无期不清除面部新陈代谢遗留下来的角质量层，那会使皮肤变得油腻，不光滑，无法吸收营养。因此，也要做好去角质的保养工作，每周可做2–3次的去角质的按摩，这样可以促进血液循环，加速皮肤新陈代谢，使皮肤湿润而富有弹性，防止面部肌肤下垂。

（3）使用隔离霜来保护皮肤免受外界空气污染等不良因素的影响，外出时，一定要做好防晒工作，比如在外露于阳肖的部分涂抹防晒霜，打遮阳伞等等。避免紫外线对皮肤造成的伤害。

30岁，我们的肌肤已无20岁的水嫩光洁，这就需要我们给自己有肌肤多一份呵护，让其充满活力，保持弹性，毕竟皱纹和皮肤松弛、老化不是一天、两天就形成的，它是一个从量的积累到产生质变的过程。在以上修补工作的基础上，我们还可以做一些更深入的保养工作，保湿、防皱、美白一样都不能少。

保湿实际上就是给干燥的肌肤补充水分。补水可以有两种渠道：内补和外补。内补就是直接喝水。一般的凉白开、纯净水、矿泉水、果汁、水果等都可以。政党情况下，每天饮用1000毫升的水即可维持皮肤含水平衡，保持新陈代谢的正常运转。每天的饮水应当分布在不同时段，早上空腹喝一杯水是必需的，这不但可以补充夜间水份的流失，也有助于排除体内积聚的毒素，具有清洗肠胃的作用。一天时间的饮水可根据自身情况而定。外补就是要让皮肤直接吸收水份，每次洗脸后可以先不要擦干，用手轻拍脸部皮肤，一方面可以促进皮肤的收水份，另一方面可以促进血液循环，保持皮肤的光泽红润。几分钟后用毛巾擦干，再轻拍上一些爽肤水、化妆水，加以按摩，让皮肤充分滋润。

当我们用洁面产品洗脸时会令脸部的酸碱度产生变化，同时也使表皮中的水分流失，肌肤变得紧绷、干燥。因此不同的肤质应选相应的清洁品。

（1）混合性、干性肤质：

应选择偏弱酸性且质地温和的产品，如乳液状洁面乳，或含多种保湿滋润因子的洁面品。最好是植物性洗面奶，不要使用泡沫型或磨砂型洁面产品。

（2）油性肤质：

切记，千万不要过度清洁肌肤，那反倒会刺激皮肤分泌更多的皮脂以维持表皮肌肤的油分。所以专家建议选择中性且质地温和的产品，在清除表皮多余油脂的同时，保持肌肤水油平衡。

彻底清洁皮肤后，一定要及时为水份流失的表皮补充水份。如若不然就要花费更多的时间、金钱来弥补一时偷懒犯下的错误。

化妆水的直接补水的功效，对混合性及干性肤质有最明显的效果。

而油性肤质往往需要更多的水分滋养，因为去油的洁面产品会带走更多的水份，需注意的是要避免含酒精的化妆水，虽然酒精可让肌肤暂时感觉清爽，时间长了会造成脱皮现象。

“保湿精华”是30岁女人每天都不可缺的步骤，它能为肌肤提供长效保湿，锁住肌肤表面水分，防止水分流失。

（1）混合性肤质：

选择含有植物成分的精华更适合，因为它的滋润度足够，又不用担心会起脂肪粒。

（2）干性肤质：

选择滋润度保湿度较高的精华素最适宜。

（3）油性肤质：

选择质地清爽的保湿精华很关键。

“保湿滋润”是30岁女人365天都必须做的功课。只有被河护滋润的肌肤才可保证肌肤细胞的正常运行，才可有效抵御老化。

（1）混合性、干性肤质：

霜类补水产品，更适合这类肤质。滋润的质地，可很好地防止表皮水分的流失。

（2）油性肤质：

油性肤质的干燥情况常常被表面的“油性”所掩盖，因此，补水的功课也是冬季马虎不得的。乳液状的产品，更适合这类肤质。

30岁的肌肤远没有20岁的肌肤那么富于弹性和活力，而且肌肤的新陈代谢变缓，肌肤表层老化的角质阻挡了水分和滋养品的吸收。所以要提升肌肤吸收力，每周做1～2次深层保湿护理和去角质护理。

（1）混合性、干性肤质：

选择质地温和的去角质产品，每周做1次。

载体式面膜，更适合30岁的肌肤，它不仅安全对肌肤无刺激，更重要的是，10～15分钟的封闭式滋养，可让肌肤快速补水。

（2）油性肤质：

每周1～3次去角质护理，每次护理时，手法要轻柔，不可用力搓揉肌肤。比如去死皮霜，不仅可去除多余角质，还可带走多余油脂。

如果肌肤的确十分油腻，可偶尔使用控油面膜，但要避开面颊或不易出油部位。

尽管我们可以做如此种种的保湿、滋润、清洁工作，但岁月仍会在我们可怜的身体上留下痕迹，我们能做的也仅仅是延缓它到来的时间和它影响的程度。而这也足以让爱美的女人们驱之若鹜。换个角度想一想，也是啊，既然这些材料是我们唾手可得的，又能有一定的功效，为什么不试一下呢？

祛皱小魔方饮食秘方大收集：

（1）米饭团去皱

当家中香喷喷的米饭做好或饭后有剩余的米饭时，挑些比较软的米饭揉成团，放在面部轻揉，把皮肤毛孔内的油脂，污物吸出，直到米饭团变得油腻污黑，然后用清水洗净脸部，这样可使皮肤呼吸通畅，减少皱纹。

（2）猪皮去皱

皮肤真皮组织的绝大部分是由具弹力的纤维所构成，皮肤缺少了它就失去了弹性，皱纹也就聚拢起来。猪皮及猪的软骨中含大量的硫酸软骨素，它是弹性纤维中最重要的成份。把吃剩的猪骨头洗净，和猪皮放在一起煲汤，不仅营养丰富，常喝还能延缓皱纹，使肌肤细腻。

（3）猪蹄去皱

用猪蹄数只，洗净后煮成膏状，晚上睡觉时涂于脸部，第二天早晨再洗干净，坚持半个月会有明显的去皱效果。

（4）水果、蔬菜去皱

香蕉、西瓜皮、西红柿、草莓、黄瓜等瓜果蔬菜对皮肤有最自然的滋润，去皱效果良好，平时应多食用，又可制成面膜敷面，能使脸面光洁，皱纹舒展。像西红柿可捣碎取汁，然后加适量蜂蜜，搅至糊状。均匀涂于脸部或手部，待约15分钟后洗去，一般1周1–2次，这个具有很好的去皱美白效果。

（5）茶叶去皱

茶叶含有400多种丰富的化学成份，其中主要有茶多酚类、芳香油化合物、碳水化合物、蛋白质、多种氨基酸、维生素，矿物质及果胶等，是天然的健美饮料，除增进健康外，还能保持皮肤光洁，延缓面部皱纹的出现及减少皱纹，还可防止多种皮肤病，但要注意不宜饮浓茶，尤其是睡眠质量不高，神经衰弱者。

（6）大枣白合粥

原料：大枣12枚，小麦仁60克，甘草（干品）、百合（干品）各10克，红糖30克。

制法：将甘草、白合洗净，共煎汁；洗净大枣、小麦仁。将大枣、小麦仁、药汁及红糖一起放在沙锅内，同煮成粥。

服法：趁热食用，每日1～2次。

功效：益气健脾，宁心安神，除烦润肤。久用，可改善不良情绪，增进食欲及使皮肤红润细白，还可防止皮肤衰老，减少皮肤皱纹。

（7）香蕉奶糊

原料：香蕉6个，淡奶250克，麦片200克，葡萄干100克。

制法：将以上诸味入锅用文火煮好，再加点蜂蜜调味即成。

服法：早晚各吃100克。

功效：润肤去皱。

（8）薏苡仁莲子百合粥

原料：薏苡仁20克，百合5克，莲子6克，枸杞子、冬瓜仁、甜杏仁粉各10克，大米100克。

制法：将薏苡仁、莲子放碗内，加水适量置蒸锅蒸熟，再与洗净的百合、枸杞子、大米同煮粥，粥熟后调入冬瓜仁、杏仁粉再煮片刻即可。

服法：每日服2次，早晚空腹食用。

功效：美肤去皱，光泽皮肤，美肤驻颜。

（10）银耳菊花糯米粥

原料：银耳10克，菊花5朵，糯米50克。

制法：将菊花洗净、银耳水发同糯米煮粥。

服法：粥熟后调入蜂蜜服用，每日2次。

功效：补气血，嫩皮肤，美容颜。

适应症：适用于颜面苍老，皮肤粗糙干皱。常服可使人肌肉丰满、皮肤嫩白光润。

（11）杏仁牛奶芝麻糊

原料：杏仁150克，核桃75克，白芝麻、糯米各100克（糯米先用温水浸泡30分钟），黑芝麻200克，鲜奶250克，冰糖60克，水适量，枸杞子、果料各适量。

制法：先将芝麻炒至微香，与上述原料一起捣烂成糊状，用纱布滤汁，将冰糖与水煮沸，再倒入糊中拌匀，撒上枸杞子、果料文火煮沸，冷却后食用。

服法：每日早晚各100克。

功效：润肤养颜，延缓皮肤衰老，抗皱去皱。

（12）美白去皱饮品一：

原料：芹菜、花椰菜、西红柿、红葡萄、柚子、橘子、蜂蜜、牛奶各适量。

制法：将芹菜、花椰菜、西红柿、柚子、橘子同搅汁；葡萄单独榨汁备用；将蜂蜜和牛奶加温水调匀；以上共混合均匀即可饮用。

服法：每日1～2次。

功效：丰肌泽肤，减轻皮肤皱纹。经常服用能祛皱丰肌，使皮肤嫩白红润富有光泽。

美白去皱饮品二：冬瓜子仁15克，橘皮6克，桃花12克，混合研成细末，饭手用米汤调服，一日三次，连服数月，面部肌肤会变得白嫩光滑。

除了化妆品和饮食会让我们饥渴的肌肤得到满足之外，按摩也是对付皱纹和皮肤松弛下垂的一个比较好的方法。让女人们心甘情愿投掷千金的美容院，他们用的产品未必就比自己买的化妆品更适合我们自己的皮肤，比我们自己买的化妆品好。他们依赖的是几个小时的全套护理和有效的按摩手法，试问有哪一个女人能一周抽出一定的时间在家里为自己做一套全面护理呢？而按摩可以促进血液循环，唤醒沉睡的肌肤，让每一个细胞都能充满活力，从而散发青春的光彩。

现在有几招对付不同部位皱纹的按摩法与大家共享：

（1）对付额纹：双手指腹（拇指除外），横着从额头中央滑向近耳发际；双手手掌依次从眉际滑至发际，这样反复做6–8次。

（2）对付鱼尾纹：双手中指、食指指腹从眼头滑向眼尾，反复做6–8次。

（3）对付唇边笑纹：双手中指、无名指指腹沿着笑纹向上滑至鼻翼，重复10–15次。不论饮食亦或按摩，都是为了让青春在我们的脸上驻留的时间长些，让岁月的痕迹淡些。但我们的眼睛，我们的身体却也会暴露我们的年龄。

眼睛和身体保养。眼睛由于其特殊的生理构造成为最容易泄漏女人年龄的部位，很多过了30岁的女人都有这样的体会，脸上的第一道皱纹来自眼部。遮瑕化妆品虽然可以遮盖色斑、粗大的毛孔，营造健康亮泽的肤色，却很难盖掉眼下的皱纹。如果你希望自己看起来像25岁一样年轻，仔仔细细地照顾好娇嫩的眼部皮肤是关键。

30岁是眼部保养的关键阶段，坚守住眼部这块重要阵地，减缓皱纹和眼袋的出现，才能留住青春健康的容颜。有些人兢兢业业地用面膜、精华、面霜保养脸部皮肤，却只在眼部涂抹一层眼霜了事，这样未免对容易泄密的眼部皮肤不够重视，搭配使用眼部精华液和眼膜，才能给眼周肌肤最完善的呵护。

有位女名星过一句女人们必须牢记的话：饭可以不吃，眼霜却不能不用。在所有眼部护理品中，眼霜是最基础，也是最不可缺少的保养品，就像乐曲的主旋律一样贯穿于眼部护理之中。相信在绝大多数30岁女人的梳妆台上，都有一瓶眼霜。但你用的眼霜适合你吗？你涂眼霜的按摩手法正确吗？

“今年30岁，是不是该换一瓶抗皱眼霜了？”

如果你还在通过年龄判断使用什么护肤品，那就真要好好补补课了。使用哪种眼霜，取决于我们的肌肤年龄和肌肤问题，而不是年龄。常见的眼霜有口者喱、乳液和乳霜三种质地。它们的清透度、营养含量不同，解决的问题也各不相同。

口者喱质地的眼霜最清透，不含油分，如果希望淡化黑眼圈、减轻眼部浮肿或是解决眼部干纹，口者喱是不错的选择。

乳液质地的眼霜营养成分比较丰富，质地相对轻薄，主要功能以防止老化，缓解细纹为主。

乳霜质地的眼霜营养最丰富，质地最厚重，功效也指向更难解决的眼部问题——眼部皱纹。

上面提到了干纹、细纹和皱纹，你知道自己眼周的纹路属于哪种纹吗？

干纹：做表情的时候出现在眼部的纹，纹路密集、平行。

细纹：在没有表情的时候隐约可见。

皱纹：纹和纹之间呈放射状，没有表情就显而易见，常出现在眼下和眼尾。

“我听说过各种各样的眼霜按摩手法，哪种才是正确的？”

也许你会感到惊讶，但事实是：每种眼霜的按摩手法和按摩时间都不一样。比如针对黑眼圈的眼霜，按摩是为了促进淋巴循环，而保湿眼霜按摩的目的是促进吸收，方法当然不同。购买眼霜时一定要向导购员咨询按摩方法，如果建议按摩3下，你就不要多按摩，不正确的按摩手法可能使你的眼霜无法发挥全部功效，还可能拉皱眼皮，起了反作用。

尽管女人更重要的是智慧与头脑，但美丽的容颜，如丝般健康柔滑的肌肤，更是女人们的资本、优势与财富。也正是因为这一点，年年岁岁中女人不知道在保养自己的肌肤上耗费了多少时间、金钱和精力，并且心甘情愿、毫无怨言，甚至乐此不疲。但是，很多时候我们顾及更多的只是暴露于人前的那部分肌肤，而对自己更多的身体部分则疏于关心，这实际上只争取对得起观众，但却对不起自己、享受美丽，关键在自己享受，在自己的感受，身体是自己的，感觉也是自己的。如果一个有着美丽面容的女人，她的双腿和手臂却显得干燥而粗糙，或者她的小腹和背部的肌肤松弛并伴有太多的赘肉，那么她的美丽一定会大打折扣，自己的感觉会更打折扣，所以女人们真的应该“移情别恋”，学着和自己的身体谈一场恋爱，给予它更多的关心和呵护，体会其中的甜蜜与幸福、快乐，形成生命中一道美丽的风景。

（1）清除身体垃圾

不管你的肤质如何，每周都应该在沐浴时至少为你全身的肌肤做一次去死皮工作，虽然有些麻烦，但是效果显著。选择富含AHA果酸精华或者维他命C的身体磨砂膏，让磨砂粒子在去除身体老化角质的同时，带给全身肌肤充分的活力，促进皮肤细胞新陈代谢，有效莹润和更新肌肤，使身体的肌肤更加细腻嫩滑。

（2）让肌肤吃饱

一年四季中，每次沐浴后都要涂上身体乳来滋养你的身体肌肤，就像每次洗完脸都要“宝贝”你的脸那样。夏天可涂抹些清爽型的，春秋冬则适宜保湿性强的乳液。

（3）保持S体形

随着年龄的增加，我们会发现在大腿、腹部、臀部等部位的皮肤会出现凹凸不平的现象，用手轻轻一捏，皮肤表面的凹凸现象会非常明显，就好像橘皮一样，这就是我们经常所听到的“橘皮现象”。

橘皮状的皮肤是一种问题皮肤，即使再瘦的女性，在缺乏运动、压力过大的情况下，也会产生局部肥胖引起的橘皮问题。

单纯靠喝减肥茶或者运动，对于解决局部肥胖收效甚微，最好的办法是结合使用一些局部瘦身的护肤产品，加上局部塑身运动，来消除橘皮，重塑纤细体形，恢复年轻美态。最健康的瘦身方法是去健身房，在专业教练的指导下，我们可以避免想瘦的没瘦，想丰的却瘦了这种事与愿违的情况，并且在健身房里那些或健硕，或曲线玲珑的刺激下，会改掉女人偷懒的毛病，重新拾回青春的心态。

（4）美体宜忌

饮食：尽可能多地补充富含纤维素的天然食品，多吃新鲜水果和蔬菜。新鲜水果和蔬菜富含多种维生素和微量元素，可及时补充维生素E C和C，清除导致衰老的自由基，防止皮肤老公，增强其弹性和活力。

每天至少喝一至两升水，既可保持身体活力又能滋润皮肤，带走体内的毒素更是轻而易举。

早餐适当食用含有优质蛋白质的食品，鸡蛋、麦片、牛奶都是不可缺少的美体恩物。

管住嘴巴：女性一旦进入三十岁，就会不由自主开始发胖，因此从三十岁开始，少吃冰淇淋高糖甜食高脂肪食物。

运动：每天坚持两小时体育锻炼。户外锻炼可以强身及抗衰老，瑜珈则是最好的训练科目，既可消减脂肪，又能增加身体各部位的柔韧性。

最佳减肥时间：据国外最新的研究表明，女人在排卵期后，身体会消耗大量的脂肪。因此在月经结束后十—十四天中，无论你是否节食或运动，脂肪的消耗量都要比平时高，这是因为雌性激素的分泌加速了脂肪的新陈代谢。虽然每月月经带给你小小的麻烦，但在此之后，你将会迎来美体减肥的最佳时段。所以，在每月月经结束后十—十四天中，加大你的运动量和运动强度会使你获得意想不到的减肥效果。

曾经我们的皮肤娇嫩如盛开的鲜花，光洁如一块极品的玉，吹弹可破，总之用什么语言形容都不为过。但时间如同一个魔鬼，非要拿走女人们的这些外在资本，赋予女人另外一些东西。于是，智慧的女人们千百年以来与皱纹、衰老进行抗争，为保卫属于女人自己的东西而努力。一个个光鲜靓丽的女人诞生了，如掉落尘世的精灵，是人世间的尤物，成为五彩缤纷的世界里最亮丽的那道颜色。

二　排出毒素一身轻松

我们的身体是一个拥有庞大系统的工厂，有投入就会有排出。但并不是每次的排出都是彻底的，都会遗留一点在某个角落，如果我们不加以留意，及时清除体内毒素，这些素素积累起来会是非常恐怖的，不但会让我们的容颜减分，也会对我们的健康形成潜在危胁。

油份：油份会刺激皮脂腺的分泌，会溶解外界事物中的毒素如防腐剂等，令其更易渗入身体组织。

巧克力：巧克力会导致暗疮出现，主要因为其中的糖份。糖份会大量的消耗维他命B1、B12，阻碍维他命C的吸收，扰乱皮肤的代谢规律。

神经毒素：紧张与压力会令神经末端分泌出一种物质，令皮脂腺变得活跃，增加油脂分泌。

成人暗疮：不少人度过青春期后，脸上的暗疮反而有增无减。当体内的毒素无法从尿液、汗水、排便等方法排出体外时，便会从皮肤中显露出来。

肠胃的毒素：食物里有添加剂、残余的农药、化学药品等，而对人体有害的毒素也和食物一起到达肠胃，毒素也会对肠胃绒毛构成伤害。

肝脏肝留毒素：肝脏是身体的解毒器官，未能完全除去的毒素，便会随肝脏循环带到十二脂肠再吸收，血液因此变得污浊，粘稠，影响新陈代谢。

（1）清除肺内毒素：每天清晨及晚上睡觉前，到室外空气清新处，做深呼吸运动。

（2）清除血液内毒素：人体内自由基如不能及时排出就会对正常细胞产生破坏导致衰老，多食含抗氧化剂的食物可及时清除血液内自由基；血液中每天都会产生各种垃圾，如不及时清除，不仅会加快机体衰老，还会导致高血脂、高血压。

（3）清除肠道内毒素：粪便中毒素较多，部分是我们日常吃进去的垃圾食品，部分是肠道内产生的垃圾，保持大便通畅既可排毒也能养颜。

（4）喝水两升

排泄是人体排毒的重要方法之一，每天喝够两升水可以通过水分冲洗体内的毒素，减轻肾脏的负担，是排毒最简便的方法，但是，水不等于甜饮料，和饮料回摄取大量的糖份和热量，没有好处。

（5）吃纤维质食品

宿便之所以回留在人体内，就是因为肠道的蠕动不够，如果平时多吃富含纤维质的食物，比如糙米、蔬菜、水果和芦荟等，都能帮助排便。工作繁忙需要在饭馆里解决独自问题的白领们更要注意饮食均衡，如果食物不能达到效果，药店里大量的帮助疏通肠胃的药物也可以试试，但服药前最好先听听医生的意见。

（6）解放阻塞的毛孔

出汗也是人体自我排毒的重要手段之一，如果平时运动太少、出汗量不够的话，洗澡的时候清除死皮可以疏通堵塞的毛孔，帮助汗液的排出。每天洗澡时，最好用天然的丝瓜瓤制成的搓澡用品按摩身体，同时，尽量使用不含化学物质和泡沫较少的浴液去除死皮，让毛孔畅通。

要想清除毒素排除外界摄入体内的毒素和自身产生的毒素，可以分两步走，一是体外清洁，最直接而且最基本的排毒方法，就是把不洁净的东西清除，所以千万不要错过清洁这个简单而直接的排毒良方，配合一些具有排毒、净化效果的产品使用，更可得到事半功倍的效果。

脸部清洁：一天下来，裸露在外的面部堆积了不少的灰尘，首先用卸妆油彻底卸妆，再用温和的洁面乳清洗，舒缓肌肤，然后用洁肤棉在脸上打圈按摩，最后再以洁面泡冲洗。每周一次的面膜也是净化的好时机，使用清洁性的面膜，将毛孔中的细小污垢也全部清除。别忘了之后使用紧肤水收敛毛孔哦！

排毒保湿：彻底洁净肌肤以后，必须养成涂身体乳液的习惯，不但可带给肌肤充分的滋润，配合适度的按摩动作，更可改善血液及淋巴循环，对于清除体内的毒素及养活毒素积聚，都很有帮助。

全身清洁：除了脸部，身体的肌肤当然也不容忽视，浸浴当然是首选，因为在你的浸浴（泡澡）时，会大量流汗，而把塞在毛细孔里的废物排出，让皮肤变得有光泽，更可以改善皮肤的颜色。所以爱漂亮的女孩子要保养皮肤，每个礼拜最少要浸一次浴，让皮肤好好的来个大清洁。清洁前要记得喝一大杯水哦。

二是体内净化，你清洁了外在的毒素，接下来就是体内了。依靠饮食清洁身体是最最简单易行的方法，快来看看各各睛在然食物所在地具有的功效吧！要注意的是，食疗可是需要长久坚持的！

深紫色葡萄：具有排毒作用，而且能帮助肠内黏液甭除肝、肠、胃、肾内的垃圾。

鲜果、鲜菜汁（不经炒煮）：鲜果、鲜菜汁是体内“清洁剂”，它们能接触体内堆积的毒素和废物，因为当多量的鲜果汁和鲜菜汁进入人体消化系统后，会使血液呈碱性，把积存在细胞中的毒素溶解，由排泄系统排出体外。

苹果：也是一个不错的选择。因为苹果内含有半乳糖醛酸，对排毒挺有帮助的，其果胶还能避免食物在肠内腐化。

海带：海带胶质能促进体内的放射性物质排出人体，从而减少放射性物质在人体内的积聚，减低放射性疾病的发生率。

绿豆汤：绿豆汤能帮助排除体内的毒物，促进机体的正常代谢。

猪血汤：猪血汤的血浆蛋白，经过人体胃酸和消化液中的酶分解后，会产生一种具解毒和滑肠作用的物质。

黑木耳和菌类植物：黑木耳和菌类植物有良好的抗癌作用，并且能清洁血液和解毒，经常使用能有效地清除体内污染物质。

天然芦荟：芦荟不仅具有美白的作用，可以促进新陈代谢，更是清肠良药，在严重便秘的时候可以起到舒缓作用。

樱桃：能够为人体去除毒素及不洁体液。它对肾脏的排毒具有相当功效，而且还有通便的功用。

草莓：是一种可以排毒的水果，且热量不高，能清洁胃肠和照顾肝脏。但对阿司匹林过敏或肠胃功能不好者，不宜食用。

净肠乳酸菌：净肠乳酸菌可帮助肠内益菌的敏殖，重整肠道的健康状态。待饮食调整至正常状态，便可停止服用。

三　充足睡眠不可少

就像人每天要吃饭一样，我们娇嫩的肌肤也需要睡眠来补充“体力”。在空气污染严重、工作压力的现代生活条件下，失眠亦或睡眠不足是经常困扰女性的问题，这两者都会让肌肤得不到全面的放松，细胞再生受到影响，肤质当然会随之变差，干燥、暗黄无光彩、老公，甚至会因为无法消除疲劳而引起食欲不佳，便秘以及烦躁不安，脾气变坏等症状，此时已由单纯的生理问题影响到心理，常此以往，这将是一个恶性循环。

可能我们有紧急的项目需要加班，可能我们有重要的客人需要会见，亦或我们已经养成昼伏夜出的生活习惯，习惯了丰富的夜生活，觉得没有过夜生活，夜里2点以前睡觉是浪费。但是女人，当我们用一张写满青春的脸来做这些事情的时候，别人不会诧异，因为年轻就是资本，年轻的皮肤只要用清水洗去疲倦，便又恢复当初的神彩奕奕、光彩亮洁。而现在，即使厚厚的粉底已然遮不住我们脸上的疲劳，遮不住我们肌肤上的斑点与皱纹，那我们现在要做就是要改变以前的生活习惯，给肌肤，也给自己绷紧的神经充足的睡眠时间，让肌肤恢复往日的光泽，谁敢说青春已经离开我们三十岁的女人了呢？充足的睡眠，远胜守多用几瓶价格不菲的护肤品。

习惯不是一天两天能改变的，是一个需要我们长期与之抗衡的老顽固，但如果我们有意识地去改变，又有什么能难住我们呢？我们可以在夜幕降临的时候创造一个利于睡眠的环境：打开床头灯，让柔和的光照在我们安静我卧室里，放一段轻柔疏缓的音乐，亦或随意翻开一本书，让我们的心随着音乐跳舞，跟着文字飞翔，让我们的思绪宁静而轻松，优美的音乐流淌在房间的每一个角落，我们的心慢慢地下沉下沉，眼皮也会越来越重……

夜里能否睡得好，晚餐吃了什么非常重要。有些食物能够起到很好的安眠作用，而有些则会导致失眠，这也是对饮食很挑剔的女人们应该注意的。

（1）牛奶：牛奶中含有两种催眠物质：一种是色氨酸，能促进大脑神经细胞分泌出使人昏昏欲睡的神经物质———五羟色胺；另一种是对生理功能具有调节作用的肽类，其中的“类鸦片肽”可以和中枢神经结合，发挥类似鸦片的麻醉、镇痛作用，让人感到全身舒适，有利于解除疲劳并入睡。对于由体虚而导致神经衰弱的人，牛奶的安眠作用更为明显。试验证明，在有效时间内，一般安眠药的作用是逐渐减弱的，而牛奶的催眠作用则是逐渐加强，特别是下半夜会睡得更香。

（2）小米：在所有谷物中，小米含色氨酸最为丰富。此外，小米含有大量淀粉，吃后容易让人产生温饱感，可以促进胰岛素的分泌，提高进入脑内的色氨酸数量。

（3）核桃：在临床上，核桃被证明可以改善睡眠质量，因此常用来治疗神经衰弱、失眠、健忘、多梦等症状。具体吃法是配以黑芝麻，捣成糊状，睡前服用15克，效果非常明显。

（4）葵花子：葵花子含多种氨基酸和维生素，可调节新陈代谢，改善脑细胞抑制机能，起到镇静安神的作用。晚餐后嗑一些葵花子，还可以促进消化液分泌，有利于消食化滞，帮助睡眠。

（5）大枣、蜂蜜、醋和全麦面包也是有助于睡眠的食物：大枣中含有丰富的蛋白质、维生素C、钙、磷、铁等营养成分，有补脾安神的作用。晚饭后用大枣煮汤喝，能加快入睡时间。中医认为，蜂蜜有补中益气、安五脏、合百药的功效，要想睡得好，临睡前喝一杯蜂蜜水可以起到一定的作用。醋中含有多种氨基酸和有机酸，消除疲劳的作用非常明显，也可以帮助睡眠。而全麦面包中含有丰富的维生素B，它具有维持神经系统健康、消除烦躁不安、促进睡眠的作用。

很多人都知道，含咖啡因食物会刺激神经系统，还具有一定的利尿作用，是导致失眠的常见原因。其实，除此以外，晚餐吃辛辣食物也是影响睡眠的重要原因。辣椒、大蒜、洋葱等会造成胃中有灼烧感和消化不良，进而影响睡眠。油腻的食物吃了后会加重肠、胃、肝、胆和胰的工作负担，刺激神经中枢，让它一直处于工作状态，也会导致失眠。还有些食物在消化过程中会产生较多的气体，从而产生腹胀感，妨碍正常睡眠，如豆类、大白菜、洋葱、玉米、香蕉等。

睡前一些自我按摩也可以有效地促进睡眠。

先取坐位，全身放松，全神贯注。

①双手握拳，用拇指关节沿脊柱旁两横指处，自上而下慢慢推按。

②用右手中间三指摩擦左足心涌泉穴；然后换成右足心。

然后脱衣仰卧于被盖内，双目自然闭合。

①用两手食指第二节内侧缘从两眉内侧推向外侧。

②用两手中指端轻轻揉按太阳穴。

③用两手拇指罗纹面，沿两侧颞部由前向后推摩。

④用手掌根部轻轻拍击头顶囟门处。

⑤用两手拇指端揉按风池穴。

⑥将两手叠放在腹部，然后用手掌大鱼际轻轻揉按中脘穴。

⑦将两手移至下腹部，然后用手掌大鱼际徐徐揉按丹田。

一个人缺少了眼眠会显得无精打采，而一个女人如果睡眠不好，还会在她的脸上、皮肤上留下明显的“痕迹”。如果说，上天把女人做为一种精灵赏赐于人世间，人世间便增添了色彩、味道，还有乐趣。那么，充足、良好的睡眠会让色更艳、味更甜。

30岁，是女人一生中最为绚丽的花季，既有令人赏心悦目的美感，又有馥郁芬芳的香泽，更有蕴涵深刻的丰韵。女人的魅力无穷，智慧无边，尽管岁月无情，以风刀霜剑相逼，但有了睡眠这道保险琐，就能让岁月的痕迹在我们的肉体上减淡，创造出令上天为之气结的奇迹，这就是女人。谁能说岁月无敌呢？

四 吃出来的健康

拥有窈窕曼妙的“S”身材恐怕是每一个女人的理想。但上天似乎总会捉弄人。三十岁的女人尽管身材不会走样太多，但曲线多多少少会有所改变，并且潜在横向发展趋势是无法估量的。

从前二尺的腰围对我们来说也许是一种侮辱，现在若还能维持个二尺一的腰围，我们就觉得还算不错了；从前“啤酒肚”是我们嘲笑中年男子的一个名词，现在类似的状况却会悄悄地出现在我们身上；从前理所当然的纤细手臂，现在则是我们最遥不可及的梦想，我们的手臂已经变得肥胖而松弛，找到肌肉结实的感觉真的是很难了；我们的体重虽不至于会疾速地上升，可是衣服的尺码却会在不知不觉间往上飙升一、两个号；曾经高傲挺拔的胸部，现在却慢慢松驰下垂；往往身上的赘肉是死命地控制下来了，但是身材曲线却是这么硬生生地溜走了。

我们多余的脂肪很少会长到女人期望的部位去，胸部的尺寸跟青春期比起来没什么长进，甚至已经出现了胸部下垂的趋势，可是不该有的小肚腩、老虎背、粗脖子、肥手臂、大屁股、大象腿却一个个跑出来，简直就是防不胜防，若是再生一两个小孩，这些特色就会愈发突出。

于是，减肥瘦身成为女人们竟相追逐的目标，节食，已被认为是最有效的减肥方法之一。

因此，我们会经常看到这样一个场景：食品丰盛无比的餐桌旁，衣着美丽的女士优雅夹起一小根青菜，象征性的吃几口就放下了筷子，紧紧腰带勒住依然空空如也的肚子，微笑着说："减肥呢，不吃了。"

吃的欲望是每个人的天性，特别是对于女人来说，想吃就吃并且能吃会吃是人生的一大幸事，保持窈窕的身材同样可以让女性感到快乐，但两者的关系却是矛盾的。吃得尽兴担心身材走形，可美食当前而不得吃的时候，就算是减肥意志非常坚定的女性，也多少会有些沮丧。女人要爱自己，保持美好的身段很有必要，但如果因此而让自己饿着，那就成了世界上最无知的美丽，美丽的代价是不是太大了呢?

美丽是和苗条的身材画等号吗？答案自然是否定的。纤瘦合宜的身材固然能让人赏心悦目，提高自信心，但却不是美丽的全部。

我们内心最原始的愿望就是追求肉体和精神上的愉悦。女人减肥也是为了能得到精神上的愉悦。如果因为要保持身材，而失去享受美食的乐趣，甚至不惜牺牲健康去追求"完美"身材，让整个减肥过程变成一种痛苦，就本末倒置了!

健康规律的饮食才是美丽最坚实的基础，饥饿会让人身心受到影响，长期处于饥饿状态会伤害人的身心健康。如果因为想维持美丽，而节食，而生病，那么，试想一下：一个脸色苍白灰暗的病人，能够和美丽联系起来吗？最终只会落了个画虎不成反类犬的笑话，严重的，甚至演变成一出悲剧。

我们不能剥夺我们的嘴和胃享受美食的权利，美食会让我们的感官产生愉悦的情绪，这不正是我们所追求的吗？只要我们不是吃起来毫无节制，暴饮暴食，那我们完全可以通过营养搭配均衡合理的饮食来享受我们的美味人生，我们的身体也将因为能获得充足的营养而健康，对于这样一个一举两得、互利双赢的事情，我们为什么还非要和自己的嘴过不去呢?

要想身体健康，就要注意饮食多样化。

一般来说，一日三餐的主食和副食应该粗细搭配，动物食品和植物食品要有一定的比例，最好每天吃些豆类、薯类和新鲜蔬菜。每一餐都要吃主食，粮食可以补充身体和大脑必需的镁、维生素B等。一日三餐的科学分配是根据每个人的生理状况和工作需要来决定的。按食量分配，早、中、晚三餐的比例为3：4：3，如果某人每天吃500克主食，那么早晚各应该吃150克，中午吃200克比较合适。

营养专家认为，早餐是一天中最重要的一顿饭，每天吃一顿好的早餐，可使人长寿。早餐要吃好，是指早餐应吃一些营养价值高、少而精的食物。因为人经过一夜的睡眠，头一天晚上进食的营养已基本耗完，早上只有及时地补充营养，才能满足上午工作、劳动和学习的需要。

一个人早晨起床后不吃早餐，血液黏度就会增高，且流动缓慢，天长日久，会导致心脏病的发作。因此，早餐丰盛不但使人在一天的工作中都精力充沛，而且有益于心脏的健康。坚持吃早餐的青少年要比不吃早餐的青少年长得壮实，抗病能力强，在学校课堂上表现得更加突出，听课时精力集中，理解能力强，学习成绩大都更加优秀。对工薪阶层来讲，吃好早餐，也是干好基本工作的保证，这是因为人的脑细胞只能从葡萄糖这种营养素中获取能量，经过一个晚上没有进食而又不吃早餐，血液就不能保证足够的葡萄糖供应，时间长了就会使人变得疲倦乏力，甚至出现恶心、呕吐、头晕等现象，无法精力充沛地投入工作。

一般情况下，理想的早餐要掌握三个要素：就餐时间、营养量和主副食平衡搭配。一般来说，起床后活动30分钟再吃早餐最为适宜，因为这时人的食欲最旺盛。早餐不但要注意数量，而且还要讲究质量。按成人计算，早餐的主食量应在150～200克之间，热量应为700千卡左右。当然从事不同劳动强度及年龄不同的人所需的热量也不尽相同。如小学生需500千卡左右的热量，中学生则需600千卡左右的热量。就食量和热量而言，应占不同年龄段的人一日总食量和总热量的30%为宜。主食一般应吃含淀粉的食物，如馒头、豆包、面包等，还要适当增加些含蛋白质丰富的食物，如牛奶、豆浆、鸡蛋等，再配以一些小菜。

早上要吃好，中午要吃饱，晚上要吃少。

早晨的第一餐是营养摄取最关键的一餐。早上最好吃一些营养丰富的东西，营养健康的早餐要有足够的碳水化合物、膳食纤维和蛋白质，包括粗粮谷物，蔬菜水果及蛋奶制品或豆制品。燕麦是谷物中膳食纤维和碳水化合物含量较高，并且含有独特的水溶性膳食纤维的粗粮谷物，它能像海绵一样吸收胆固醇并将其排出体外，减少胆固醇在大、小肠被吸收的机会，从而帮助降低血液中的胆固醇含量，减少心脏病的罹患几率。

午餐要荤素搭配好，尽量吃饱，为了营养均衡，应经常变换菜色，但是不宜吃太油腻的食物，以免影响下午的工作。

晚餐可根据自己的喜好，以富含碳水化合物的食物为主，而蛋白质、脂肪类吃得越少越好。

随着人们健康意识的提高，饮食平衡的观点已经深入人心，饮食平衡实际包括食物平衡与食性平衡两个方面。食物平衡就是营养全面，不偏不倚;食性平衡就是寒热错杂。那么，日常饮食应怎样吃才能达到要求呢？

（1）食物平衡

食物平衡主要由以下三方面保证。

饮食全面：所谓全面，是指肉类、蛋类、谷类、蔬菜、水果等各类食物不应缺少。对健康来说，动物性食物提供的蛋白质每天应占总蛋白量的30%以上，大约25～50克的动物肉。主食的米面每天应吃250左右，蔬菜则每天400克左右。

营养均衡：在饮食全面的基础上，还应注意营养品种的均衡，即各营养成分的合理搭配，避免单一。如蛋白质分植物蛋白和动物蛋白，动物蛋白质中，又分鸡肉、牛肉、猪肉、鱼肉、鸡蛋、奶类等。根据人体营养需要，每种蛋白质都应吃到，才能保证营养的全面、均衡。

营养合理：营养合理是指进食不应过多、过少，更不应暴饮暴食。虽然肉、蛋、奶等有人体必需的营养成分，但吃得过多则易使血糖、血脂升高，体重增加，发生一系列心脑血管疾病。而吃的过少，又容易使人消瘦，体重下降，抵抗力减弱。一般来讲，吃到七八成饱为好。各种营养素所占的热量比应符合规定。

（2）食性平衡

食物都有寒凉温热的性质，也有偏酸偏碱的差别，除了食物种类的平衡外，还要注意食物性质和酸碱平衡。

寒热搭配：看起来很平常的食物，如粮食、肉类、蔬菜、水果，甚至调料，都有自己的寒热属性，例如，小米微寒，味甘；西红柿甘酸微寒；桂圆性味甘温；肉类多半是咸温性质。

蔬菜的寒热类别，大致归纳如下：

寒性：白菜、空心菜、苦瓜、荸荠、竹笋、茭白、西红柿、藕。

凉性：芹菜、菠菜、油菜、黄瓜、茄子、丝瓜、冬瓜。

平性：山药、洋葱、包菜、胡萝卜、土豆、豌豆、香菇、黑木耳。

温性：韭菜、荠菜、葱、蒜、姜、芦笋、南瓜。

热性：辣椒。

酸碱平衡：食物可分为酸性、碱性、中性，人体酸碱度通常保持在pH值7.35～7.45之间。一般来说，肉、蛋、糖、主食、花生、啤酒都是酸性食物；而蔬菜、水果、奶类、豆类都是碱性食物。最典型的酸碱平衡饮食是白菜肉馅饺子，白菜是碱性食品，肉类是酸性食品，两者合用可以达到酸碱平衡，有利于人体健康。

热菜凉吃，凉菜热吃：除了注意饮食性质的各种平衡外，还可以采用热菜凉吃，凉菜热吃的方法调整食物平衡。如辛温大热的麻辣菜，不要趁热吃，以免助火、助热。凉拌菜，不要从冰箱中拿出就直接食用，可以在室温下多放一会儿，等温度上升一点时再吃。这样就可以在一定程度上改变原来菜肴的寒热性质。健康是吃出来的，美丽也是吃出来的。既然上天赐于我们享受美食的乐趣，我们为什么不接受呢？只要我们遵循饮食规律，我们得到的就不仅是健康，更有美丽。

五　关注特殊部位的健康

女性除了一般意义的身体健康，特殊的生理构造决定了更要注意一些隐私处的健康。

女人的乳房如香岚缭绕的青峦，如悄然绽放的花朵，如优美但却无声的奇迹，赋予女人天生的美丽，无限的魅力和自尊。拥有了健美的乳房，便拥有了完美的曲线，也便拥有了自信，但是美丽的花儿却总是很脆弱，它的抵抗力比人体其他器官要低的多。随着女人三十岁这道门槛的降临，内分泌逐渐开始发生变化，乳房也成了众多疾病的温床，乳房肿块、乳腺增生，甚至乳腺癌等疾病，似乎是女人们必须面对的考验。而另一个让爱美女人难以接受的事情就是乳房松弛下垂，慢慢丧失往日挺拔的风姿。

乳房是女人美丽的自信的象征。关心美丽，从关爱乳房开始。

（1）运动按摩美乳

有些女性的乳房松弛、下垂是由于胸部肌肉松弛、无弹性所致，平时要注意锻炼胸部肌肉，比如游泳、跑步、俯卧撑和扩胸运动等体育锻炼，都能促使胸部肌肉变得发达健美。

按摩也是锻炼胸部肌肉、促进乳房健美的有效方法。每天早上起床前和晚上临睡前仰卧在床上时，不妨用双手在乳房周围旋转按摩，先顺时针方向，再逆时针方向，直到乳房皮肤微红微热为止，最后提拉乳头数次，这样能刺激整个乳房，包括乳腺管、脂肪组织、结缔组织等，使乳房更丰满，更富有弹性。

（2）食物美乳

在进行丰胸运动的同时，从日常饮食中多摄取丰胸食物，能助你取得事半功倍的效果。以下食物你不妨多多食用：

肉类：含丰富的蛋白质和胶质的肉类对丰胸的贡献很大，如猪尾或猪蹄等。

蔬菜类：莴苣科植物对丰胸的效果最好，如生菜（结球莴苣）、莴苣、菜心等。

瓜果类：木瓜在丰胸水果中排行第一，用青木瓜效果最佳，而熟的木瓜适合和肉类一起煲汤。也可直接食用或凉拌。

干果类：红枣、桂圆都具生津补血、滋阴补阳的功效，适合作为丰胸甜点。许多植物的种子都有类似性激素的成分，能够促进第二性征的发育，如花生、杏仁、腰果、莲子、黄豆、芝麻、核桃等。

（3）沐浴美乳

在入浴前，要在乳房上敷一层起软化作用、含维生素的滋补性化妆油膏或润肤乳液，同时轻轻做滑动性按摩。

在沐浴时，如果乳房过小，可用毛巾交替做冷敷和热敷，10分钟交换1次；如果乳房过大，则用冷水冲浴；如果乳房下垂或为防止乳房下垂，最好用淋浴头从乳房下部往上冲，并环形地摩擦乳头周围，借以增强组织张力，使乳房坚挺。

在出浴前可用稍凉一些的水冲洗乳房，目的是使乳房及胸部皮肤得到锻炼，增强其弹性。

在出浴后，用护肤液从乳头开始呈圆形向外擦，直至颈部，这样可以促进局部血液循环，使皮肤光滑润泽并有弹性，防止胸部皮肤的衰老、松弛。也可以冷毛巾轻轻揩抹，使肌肤收缩。

此外，在入浴前和出浴后必须喝一杯水，因为沐浴时往往会流汗，使体内水分减少，故需饮水加以补充。通过饮水能促使洗澡时发汗，有利于体内的新陈代谢。

（4）姿态美乳

在日常生活中保持正确的姿态，才能让你的乳房挺起来，靓起来。

不要含胸。经常含胸、驼背，时间一久就会影响到胸部的健康。

不要塌腰。塌腰不仅会增加腰椎的负担，而且会阻碍血液循环，从而影响到胸肌的发育。

不要趴睡。趴着睡觉不仅会影响面部的美丽，更会遭到胸部的抗议。尽量少压迫“它”，仰卧微向右倾，才是最好的姿态！

（5）紧慎对待丰乳隆胸

一些爱美心切的女性，常常为自己的乳房偏小、不丰满、不高耸而烦恼，总是想方设法弥补这一“先天不足”。于是，“丰乳霜”、“丰乳膏”、“手术隆胸”也应运而生。

殊不知，目前市场上不少所谓的健美丰乳霜、丰乳膏，大多含有雌激素，如已烯雌酚等，将其涂抹在乳房上，确实能使乳房有所增大，但效果并不持久，停用后乳房恢复原样。

更不容忽视的是，这些丰乳霜、丰乳膏还会引起色素沉着、黑斑、月经不调等不良反应，并会抑制自身体内雌激素的分泌，结果弄巧成拙，反而抑制了乳房的发育。

通过手术隆胸也会产生许多并发症：比如血肿、感染、切口疤痕、假体破裂及外露等。因此，在隆胸前一定要三思而后行！如果为了追求乳房丰满而不择手段和不顾后果，那就可能得不偿失，甚至是十分危险的。

其实，除了少数确系乳房发育不良或患有某些疾病者需要去医院诊治外，一般女性只要平时多吃富含蛋白质的食物，适量补充脂肪，并坚持胸部锻炼，都能促使乳房发育丰满，从而实现“自然美”。如果因遗传、体型等原因，乳房不能达到理想的“高”度，可以借助胸罩的功能，同样能增加女性的曲线美。

（6）定期自检很重要

30岁以上的女性每个月都应该对乳房进行一次自我检查，具体时间一般固定在月经后8~10天左右，因为这个时期是乳腺生理上最“平静”的时期，乳腺组织质地柔软，腺体较薄，容易发现异常。

自我检查时可采用以下的方法：站在镜前，先将双手举起，察看乳房表面有无局部隆起、凹陷，以及乳头有无抬高或内陷、溢液。

然后，将双手叉腰，用力撑在腰肋部，使胸肌紧张后对着镜子察看双侧乳房有无变化，皮肤的色泽有无改变，特别注意两侧乳房是否对称。

最后，用手触摸乳房，察看乳房内是否有肿块。小的肿块不易被触摸到，检查时可用左手托住乳房，用右手检查。乳房下部的肿块常被下垂的乳房所掩盖，可托起乳房或平卧举臂，用另一手检查。深部肿块如按不到时，也可采取前弓腰位检查。

在检查过程中如发现异常情况，应及时到医院就诊。

乳房是哺乳器官，更是个多事之区。因此，作为一个女人，你没有理由不去好好地呵护它！

女人三十岁了，在为工作、生活奔波忙碌的时候，在精心打理美丽外表的时候，千万别忽略了护理最“秘密”的那个部位，为它的安全与健康给予细心、体贴的呵护，做到“它好，我也好”。呵护从平时的一点一滴做起。

六　全面应对妇科病

中华几千年传统文化教育下的女性，尽管受过高等教育和西方文明的洗礼，但似乎对自身私秘处的疾病仍羞于启齿，不敢面对医生，甚至连医院都羞于去。或者知道妇科疾病的危害，但侥幸自己还年轻，更有讳疾忌医，因此，真正到医院检查和治疗的人少之又少，而三十岁，却正是妇科病的高发期。

尽管女人们白天“浓妆淡抹”，面若桃花。但是否想过：

当你患有妇科病时，容易引发面色晦暗、斑块形成，你还能神采飞扬、顾盼自豪地走在大街上吗？看着自己过早衰老的容颜，你还能自信地站在镜子面前吗？

当你患有妇科病时，夫妻之间的性生活不能和谐进行，或多或少会在双方的心里留下阴影，日久天长，甚至使双方感情出现危机……

为此，提醒广大女性：万不可对妇科病羞于启齿或抱有无所谓的态度，而应该积极地行动起来，制定妇科病“全攻略”，从而免受身心痛苦，做健康美丽女人。

（1）应对经前综合症

每次月经来的前几天，你都变得情绪不稳、焦虑紧张、爱发脾气、胸部肿胀、头痛、睡不好，注意力也难以集中。可是月经一来，这些症状就消失无踪了，这就是经前综合症。

经前综合症产生的原因主要有两种：一是由于水盐滞留体内所引起的组织器官充血、水肿、及雌、孕激素分泌不平衡所致；二是由于精神过度紧张而导致大脑皮层功能紊乱。

虽然经前综合症很难缠，但只要采用正确的方法便可以取得明显的治疗效果：

食物疗法：多吃些巧克力、梅子、番茄、菠萝等食物，可调整体内血清素的含量，达到控制PMS的目的。另外，可补充一些含有维生素B和镁的复合维生素。

中药疗法：以龙眼于一小把及老姜片若干，用热开水冲泡即可。平日也可以饮用，有补血之效；在生理期间再滴数滴白醋，可帮助血块顺利排出。

西药疗法：镇静剂及止痛药可以适当改善经前综合症和帮助改善情绪问题，但这种药比较容易令部分人上瘾，故不提倡经常服用。

其他：性爱。性高潮可缓解肌肉痛及血液循环不畅，同时有助于清除充血器官内的血液及其他体液，可有效地缓解经前疼痛；而服用长效避孕药对经前综合症也有改善作用。

（2）妇科常见病阴道炎

阴道炎是最常见的一类妇科疾病，18～50岁的女性都有可能患上阴道炎。阴道炎大致可分为三类，包括滴虫性阴道炎、霉菌性阴道炎和非特异性阴道炎。

①滴虫性阴道炎。滴虫是一种原虫，很容易寄生在阴道里，其适应性很强，既可以通过男性携带者在性交过程中直接传染给女性，也可通过浴池、游泳池间接传染，还可以通过医疗器具间接传染。

女性在感染滴虫后，经4～28天潜伏期后出现阴道炎症状，表现为白带增多，呈灰黄色或乳白色，或呈泡沫状，带有腥臭味。外阴瘙痒，有灼热感，性生活时有疼痛感。滴虫侵犯泌尿系统时，可有下腹痛、尿频、尿痛症状。如滴虫沿尿路继续上行，则可导致上尿路感染，招致肾盂肾炎。

滴虫性阴道炎可用灭滴灵治疗。它可以杀死滴虫，每次口服200毫克，每天3次，7天为一疗程。口服灭滴灵后，少数人可出现食欲减退、恶心、呕吐等反应，偶见头痛、皮疹、白细胞减少。

②霉菌性阴道炎。霉菌性阴道炎又称念珠菌阴道炎，是由霉菌中的一种白色念珠苗感染而引起的，和滴虫恰恰相反，这种念珠菌在酸性环境中特别容易生长，一般是通过接触传播。

霉菌性阴道炎的症状有：外阴瘙痒，白带增多，白带呈豆渣样或凝乳状，阴道内有灼痛感，排尿和性交时疼痛加重。

治疗霉菌性阴道炎可使用阴道栓剂，如米可定泡腾片及达克宁栓等，每天睡前以2%～3%的苏打液清洗阴道，再将药剂放入阴道深处，连续使用7～15天。

③非特异性阴道炎。这是除以上两种常见阴道炎外的其他阴道炎的统称，其患病原因有很多种，如阴道内损伤、过度的阴道冲洗、手术损伤、流产后子宫出血感染等等。也有不明原因的非特异性阴道炎，多发于体质虚弱及个人卫生差的女性。其常见症状为白带增多，呈脓性或浆液性。病情严重时，白带有臭味，引起尿频、尿急、尿痛、阴道下坠感、灼热等症状。

患有非特异性阴道炎的女性，每日可用1%的乳酸或醋酸溶液低压冲洗阴道1次，然后涂抹磺胺粉或抗生素粉，7～10天后即可治愈。

（3）子宫更渴望呵护

宫颈糜烂长期以来一直困扰着很多女性的健康。其发生通常与分娩、流产、产褥期感染或不洁夫妻生活损伤子宫颈有关，系病原体侵入而引起感染。宫颈糜烂发生后，会出现白带增多、粘稠，偶尔也可能出现脓性、血性白带现象，腰酸、腹痛及下腹部重坠感也常常伴随而来，夫妻生活时也可能会引起接触性出血，有时还会出现异味。

宫颈糜烂如果得不到积极的治疗，有可能发展为宫颈上皮内病变，甚至宫颈恶性病变。所以一旦确诊为宫颈糜烂，就应积极治疗。

治疗宫颈糜烂的方法很多，"海极刀"的治疗效果比较明显，而且该技术不会对女性的身体造成损伤，加之医生动作娴熟，对操作范围的广度和深度都有适度的控制，不会对生育造成影响，所以同样适用于未婚女性。

需要提醒的是，如果采用"海极刀"微创治疗，一般在月经干净后的3～7天最为适宜。治疗后，阴道分泌物可能会增多，有少量淡黄色的液体排出，有时可能也会有少量的出血。所以在治疗后1个月之内，应该避免做爱、盆浴及阴道冲洗，否则会造成感染。

（4）女性的克星——卵巢肿瘤

卵巢对女性来说是至关重要的，它除了担负着生儿育女的功能外，对女性面容、体形、姿态的保持等都起着重要作用，它分泌的雌性激素可说是女人青春、美丽的源泉和"性"福花园。然而，这个"花园"却很容易遭到卵巢囊肿的侵害。

卵巢囊肿发病率占妇科肿瘤的第3位，大多发生在20～50岁女性当中，有卵巢自行生成肿瘤或是其他脏器肿瘤转移所致两种情况。其在早期并无明显临床表现，患者往往因其他疾病就医在行妇科检查时才被发现。以后随着肿瘤的生长，患者有所感觉，其症状与体征因肿瘤的性质、大小、发展、有无继发变性或并发症而不同。但通常有下腹不适感、腹围增粗、腹内肿物、腹痛、压迫症状、月经紊乱等症状。

虽然卵巢肿瘤的良性与恶性的发生率为9 ：1，却仍是对女性生命危害最大的妇科疾病。月经初潮前和绝经后女性，有卵巢性肿物，应考虑为肿瘤。无论是良性还是恶性肿瘤，所有卵巢实性肿块或大于6厘米的囊肿，都应立即进行手术切除。

恶性肿瘤除了手术方法外，还有放射、化学药物、免疫及一般支持等综合治疗。早期患者采用手术治疗可收到很好的效果，甚至可以彻底治愈。

人身体的器官如同机器的零件，都会有生锈、运转不灵的时候，这时候它们需要找出病因，因症施治，而非遮掩隐藏。所以女人们，妇科病也是一种病，只不过它只发生在女人身上，只要我们积极应对，肯定会得到解决。

七　适合的运动就是最好的

一个令人赏心悦目的女人，不仅要有漂亮的五官，还要有摇曳多姿的身材，走起路来裙裾轻飘，袅袅婷婷，风情顿起，所到之处，无不留下一地的万种风情。女人好的身材必须通过运动才能维持，而不仅仅仅是节食、减肥，正如花卉需要浇水，而不仅仅是掐叶一样。

有一句流传千古的至理名言：“生命在于运动”。

运动才能塑身，运动才能把女人的青春和活力扎扎实实地挽留住，令女人充满朝气和活力。

现在的运动项目犹如琳琅满目的商品，在为我们提供选择余地的同时，也使我们的选择变得困难，因为不知道哪种才是最好、最有效的运动。一般大多数人会根据兴趣选择自己喜欢的项目，这也不失为一种选择，我们还可以换一个选择标准：按自己的体形选择，这样针对性会更强。

梨型身材的女人：其脂肪主要堆积在臀部和大腿，可选择低强度、低撞击练习和耐力练习，如跳绳、眺低撞击舞、在平台跑步机上走等，可消减这些部位的脂肪。要避免大阻力运动，如上坡、爬高、跳踏板操和高撞击舞、骑高阻力单车等，这些运动都会令下肢变得更粗壮。

苹果型身材的女人：其手臂和腿很细，而腹部、腰部和上臀部较粗。可选择体操、游泳、跑步等全身性运动，以及哑铃操、仰卧起坐、仰卧举腿、俯卧抬头、体前屈等局部运动，着重四肢力量的练习。

V型身材的女人：其上身较大，腰部有点臃肿而臀部较瘦小。可进行爬高、踏板有氧操和跑步等锻炼，避免做诸如俯卧撑、举重等使上身强壮的运动，可用下蹲或跨步来强壮下肢的力量，使身体上下部分的比例变得协调。

O型身材的女人：其身上各部位脂肪都很厚，几乎没有肌肉，日常生活中，爬几级楼梯就会“气喘如牛”。这类人应该多做有氧运动，多游泳，以消耗脂肪。还可以常做静态的伸展运动，以强化肌肉骨骼。

运动既可保持身心健康，还有助于性格的发展和完善，我们也可以针对自己的性格类型，选择运动项目。

不沉着型性格的人：最好是多参加一些竞争激烈的运动项目，特别是足球、篮球、排球等比赛活动。因为赛场上形势多变，紧张激烈，紧张型性格的人若能经常在类似的激烈场合接受考验，久而久之，就能变得沉着冷静起来，再遇事就不会过分紧张，更不会惊慌失措。

胆小型性格的人：应多参加游泳、溜冰、单双杠、跳马、平衡木等运动。因为这些项目要求运动者不断克服胆怯心理，以勇敢、无畏的精神战胜困难，越过障碍。胆怯型性格的人参加这些项目次数多了，自然会变得大胆自信。

孤僻型性格的人：应当多参加足球、篮球、排球、接力跑、拔河等团队运动，只有这样，才能有效增强自身活力和团队合作精神，逐渐改变孤僻的性格。

多疑性格的人：可选择乒乓球、网球、羽毛球、跳高、跳远、击剑等运动。因为这些项目要求运动者头脑冷静、思维敏捷、判断准确、当机立断，任何多疑、犹豫、动摇都有可能导致失败。

急躁型性格的人：不妨选择下象棋、钓鱼、慢跑、长距离散步、游泳、骑车、射击等运动强度不高的项目，以逐步培养稳健的性格。

三十岁的女人对一切已变得更加挑剔，也更加知道自己需要的是什么，但也更需要激情和新鲜感。时尚的女人们可能已经厌倦了在跑步机上单调的慢跑，亦或健美操的口令声，于是新的时尚运动带来的新奇和趣味让喜新厌旧的女人们津津乐道。

（1）瑜伽

柔软如少女的身躯，纤细如灵蛇的腰身，是每个女人的梦想。然而，随着年龄的增长，即使你的体重保持不变，但背却有点儿驼，腹有点儿凸，上臂有点儿臃肿……同时，你也会感觉到身体越来越僵硬。

要想改变这一切，不必大蹦小跳，安安静静地修练古老而又神秘的瑜伽，就能让你在不知不觉中保持优雅紧致的身形，轻盈灵动的姿态。那是自然的身体、美丽的身体、年轻的身体。

瑜伽来自五千年前的印度，能起到调整身姿、固本强神、舒筋活络、延年益寿等功效。

当然，瑜伽并不是包治百病的灵丹妙药，但绝对能改善身体的不良趋势，使其向好的方面发展。与此同时，它还能给人一种来源于内心的力量。经过一段时间的由内而外、由外而内的锻炼后，你会惊奇地发现自己的心态变得平和、知足，一片油绿的草地、一朵流畅的白云，都能让你感到由衷地快乐。你会因为快乐而美丽，因为美丽而快乐。

（2）肚皮舞

如今，肚皮舞经历了诸如“色情”一类的误解，在拉丁风潮后，势头日渐高涨。

顾名思义，肚皮舞最大的特点就是腰、胯部的动作明显，在扭动中消耗热量，对于腰腹部的赘肉有明显的减脂效果。另外，作为一种全身运动的舞蹈，它还可以让腿部、臀部、肩膀以及颈部、手臂都得到充分活动，从而舒活筋骨，增强身体柔韧性。除此之外，肚皮舞还能调节女性内分泌系统，促进盆腔血液流通，内在按摩腹腔子宫器官，对月经不调、痛经等妇科疾病也有一定的疗效。

肚皮舞最大的好处是，作为一种健身运动方法，它不受年龄和体型的限制，没有芭蕾舞那样高不可攀，也没有迪斯科那样狂放，只要掌握了“抖胯”这一核心动作，就能随着音乐自由随意地舞动身体。

在奇异绚丽的中东音乐中，舞者神情专注、翩翩起舞，诡异的蛇形手臂舞，妩媚的腰部水平摇摆，尽情挥洒优雅与性感。这样的女子，怎能不充满魅力，怎能不由内而外地散发美丽？

（3）拉丁舞

拉丁舞对动作的细节要求不高，只要能跟上节奏就好，它注重的是百分之百的情绪投入，强调能量消耗。在狂热奔放的节奏里，恣意地扭动腰肢，固执地合拍子，放开所有牵绊，在音乐中释放身体。那婉蜒的、剧烈的动作把整个人都点燃了，脂肪在燃烧，血液在燃烧，情绪在燃烧。

深入人心的音乐和简单易学的步伐，在运动健身的同时还能学到热辣的舞蹈动作，这些都是拉丁舞在都市中掀起热潮的真正原因。

（4）保龄球

保龄球运动经过几千年的变迁，已从一种简单的游戏发展成为一种魅力无穷的时尚运动。保龄设备也更加现代化，充分体现着现代文明的程度。

保龄球运动的魅力不仅仅体现在它的健身作用，它还可以缓解现代人日益紧张的生活压力：当击倒的球瓶落地时，那种喜悦使人精神焕发。保龄球不受年龄、天气、时令的限制，是男女老幼都可进行的一项娱乐活动。

（5）健身球

小时候玩玻璃球、小皮球，大一些了玩足球、篮球、乒乓球，赚钱了就打网球、保龄球、高尔夫球，形形色色、大大小小的球给人们带来了无穷的乐趣，这些球的共同特点是体形较小，便于携带，但做完运动后，往往全身运动不平衡，不是累到了腿，就是累到了胳膊。若想得到全身的平衡锻炼，就试试特大号的健身球吧。

健身球是一种新兴、有趣、特殊的体育健身运动。但目前已发展成为让很多人钟爱有加的一种全新运动。

健身球的适用人群很广泛，其锻炼方法比较简单，比如可以利用健身球做俯，卧撑、仰卧起坐等练习，以增加肌肉力量、耐力、改善骨骼内矿物质密度及骨关节的力量。你甚至可以把健身球当成椅子放在办公室或家里，可以为你的生活增加一点运动和欢乐。

坐在健身球上，你会发现自己不得不随时调整自己的身体重心和平衡，你的背部、臀部、膝部等部位会不断地在做出各种细微的调整，以使自己能保持平衡。这些细微的调整有助于脊柱中的椎间盘的血液循环，加强背部的力量。另外，在健身球上微微地弹起有助于纠正姿态、加强力量。

（6）普拉提

比起有几分相像的瑜伽，普拉提在中西合璧方面做得更出色，既融入了西方人的“刚”——注重身体肌肉和机能的训练，又融入了东方人的“柔”——强调练习时的身心统一，每个姿势都要和呼吸协调。想像一下，在优美平静的音乐声里，健身教练在指导着你进行练习，投有压力，没有烦躁，处在这种环境下的确会使人感觉超脱于物外，只在运动中沉醉。

普拉提不仅仅能够改善人体的外在形态，而且，它在治疗一些疾病方面还有特殊效果。例如身体肿胀、腰背疼痛、便秘、疲劳、静脉曲张等等。尤其是当女人步入中年后，新陈代谢会逐渐变慢，肌肉组织开始松弛，这时最理想的运动健身项目便是普拉提，因为它能使肌肉得以长久绷紧，并使盆膈肌获得锻炼，这是增强女性性高潮和预防老年时小便失禁的妙方。

普拉提受到欢迎还有一个很重要的原因就是：它既不受场地限制——拿块垫子，甚至在地板上就能练，也不受年龄的限制，即使怀孕期的妇女也可跟着导师练习，以加强脊柱的承托力。

女人们梦寐以求的平滑、柔软的身体，苗条、健美的双腿，平坦、紧收的腹部，在品尝了普拉提这块“甜点”后，就会拥有。

众多的运动项目让人眼花缭乱，不论哪种都会让我们的身体更健康。只要我们根据据自己的需要选择适合自己的一种运动，并长期坚持，镜子前就会出现一个崭新的女人。

八　生活中的运动

可能人人都知道运动对身体健康及身材保持很重要。但是，三十岁女人正处于工作、生活、家庭压力最重的时候，睁开眼睛就忙碌，直到晚上闭上眼睛才算闲下来了，哪里会有专门时间去运动？

事实上，运动并不需要花费你太多的时间和精力，日常生活中也有一些随时随地就可进行的运动，只要你还没有发现而已。

（1）一天中的运动

早上醒来时，先别下床，把枕头垫在背后，两手向后伸直并伸展身体。这个动作有点像伸懒腰，它能使人体自然形成双手上举、肋骨上拉、胸腔扩大、深呼吸的姿势，这会使膈肌活动加强，引发身体大部分肌肉收缩，从而达到加速血液循环、清醒头脑的目的。

穿衣时，双手在背后相握，伸直手的同时挺胸。这个动作，能起到扩胸、柔软背部的作用。这对女性防止乳房下垂有特效。

穿鞋时，不要坐在凳子上，而应屈膝，蹲下身体穿鞋系带。这个动作虽然小，但却可以刺激小腿肚及脚踝处的运动，拉紧腿部肌肉。如果你有意识地多做一些屈膝下蹲动作，还能增强心脏活力，改善体位变化引起的头晕症状。

如厕时，不要直接坐下去，离坐盆几公分并保持平衡，可以锻炼大腿肌肉。同时，你不妨利用这段时间做做叩齿运动，可使牙周膜内血管扩张，改善局部血液循环，从而固定牙床，减少患牙疾的可能。同时，叩齿使口腔唾液分泌增多，有助消化。长期坚持，可以使身体更棒。

每天早晚刷牙时坚持做一次提肛运动。具体的方法是：吸气时提肛、收腹，像忍大便的感觉，呼气时缓慢放松肛门，连续做20～30次。中医认为，提肛运动可使中气升提，脏腑强壮，并可调节气血阴阳。提肛除可预防便秘、痔疮外，对改善内脏下垂、胃肠功能紊乱均有疗效。

做家务也是一举两得的运动。使用吸尘器、擦窗户、洗浴缸等都可以锻炼你的肌肉。你还可以尝试多消耗一点能量的方法，譬如擦窗户玻璃时顺便在洗窗拖把的把手上绑一些东西以增加重量；用吸尘器时膝盖弯曲背脊挺直，这样可以锻炼大腿肌肉，而且不会腰酸背痛；擦地时，膝盖着地，一手扶地固定上半身，背部一定要伸直，然后另一只手拿着抹布，单手由外往身体方向擦拭。这种辛苦的擦地方式有明显的瘦腹效果。

看电视时，可以利用广告时间做转动眼球的运动，以松弛眼肌，让疲劳得以缓解。

洗澡时，一腿站立，另一腿屈膝，俯身屈侧腿，交替进行，使腰、背、腿都能得到伸展锻炼。用海绵块擦身时，可用右手拿海绵块洗左肩，左手拿海绵块洗右肩，同时腰部做自然扭动，可促进腰、臂部的脂肪分解，使其线条变美。

每天晚上上床睡觉前，先平躺在床上做10个仰卧起坐。之后，每天增加一个，就可以在不知不觉中拥有迷人平坦的小腹！如果有孩子，可躺在床上，将孩子举起再放下：小孩高兴，你也顺便锻炼了手臂，亲子同乐乐趣多。

（2）工作中的运动

坐在办公桌前办公时，在两膝之间放一个小球并且夹紧，可以有效地锻炼内转肌。

使用离座位最远的扫描仪或复印机：即使你的工作必须整天黏在座位

上，这样至少可以让你多走几步路。

长时间坐着时，一定别忘了甩手并拍打身体的各个部位。拍打是一种很好的自我按摩，可以振动身体内部的经络和器官，使之放松而避免由于肢体僵硬和麻木造成的颈椎和腰椎病。

每工作半个小时左右，就应该站起来活动一下。因为坐得时间太久，肌肉就会疼痛、绷紧。而且，人的注意力大约在半小时之后就开始减弱，这时适度的休息，可以让自己提高专注力。

工作闲暇时，可端坐在办公椅上，双脚着地收腹数十次，或者将背伸直，稍离开椅背，两臂后仰上抬、下放，反复做此动作能够防止腹部肌肉松弛，杜绝“水桶腰”的出现。

（3）外出中的运动

上下楼时，不要搭乘电梯或电扶梯，想拥有结实的臀部，就用脚尖爬楼梯。这一方法贵在坚持，每天坚持爬楼梯才会有好的效果。

无论是每天上下班，还是外出购物或办事，尽量在距离目的地远些的地方下车，这样，你就可以多走些路，体能也会在无形中增加不少。

走路时的姿势非常重要，挺胸、收小腹，臀部夹紧，千万不要弓腰驼背。如果走路时不紧缩小腹，不管你走多少路，也无法刺激你的腹部肌肉，你的小腹就不会缩小。此外，驼背会破坏身体的平衡感，降低走路的运动效果。

将走路作为一种运动，就不能像平常散步一样随便，要适当加大步幅，同时将重心放在前脚，每跨出一步，须按照后脚跟、脚心、脚尖的顺序着地，这样走路，才能运动你的大腿肌肉，使腿部曲线变得紧实匀称。

在等车、等信号灯的一段时间，你也不是无事可做。可以利用这段时间进行收腹练习：将注意力集中在腹部，全力收紧，感觉仿佛肚脐贴近后背，坚持6秒钟后还原。如此反复。

乘车落座后，将腿呈90°摆好，脚跟固定不动，脚尖上上下下反复摆动，这个动作可以锻炼小腿肚的肌肉，让小腿线条更匀称。同时，坐着的时候还能够锻炼腹肌，双腿并拢抬至离地面约5公分的高度，将腿悬空，尽量保持这个姿势，能坚持多久就坚持多久。

如果车上没有座位，可以用手拽住车上的吊环，时而用力握紧，时而放松，反复做，可以让手腕变细。或者手握住栏杆，一边数拍子，一边用力向内收腹，这种方法能有效紧缩腹部肌肉，使小腹慢慢变小。

运动，并不拘于形式和时间，只要能保持我们身体的健康，或许工作繁忙的我们没有时间与精力专门去健身，但如果我们利用好日常生活的运动，我们照样活得健康，活得精彩！活力犹如人身体中的血液，只有通过自身源源不断地制造出来，才会保持新鲜度。运动，是人体的活力制造器，让心脏更强，身体更壮，头脑更清醒，思绪更清晰。女人三十，不正需要这样的活力吗？